Dževad Karahasan

Das Buch der Gärten
Grenzgänge zwischen
Islam und Christentum

Aus dem Bosnischen von
Katharina Wolf-Grießhaber

Insel

Die Originalausgabe erschien 2002 u.d.T. *Knjiga vrtova*
bei Izdanja Antibarbarus, Zagreb

Die Übersetzung wurde gefördert
vom Literarischen Colloquium Berlin
mit Mitteln des Auswärtigen Amtes
und der Senatsverwaltung für Wissenschaft,
Forschung und Kultur, Berlin.

Inhalt

Die Schatten des Paradieses

Sprache und Rede des Gartens

1

Durch eine Menschenmenge von Händlern, Käufern und Nichtstuern, Lastenträgern, Ausrufern und Wiederverkäufern, Handwerkern, Soldaten und Spitzeln, durch eine Menge, die ihn weder kannte noch jemals von ihm gehört hatte, sich aber am Sturz eines anderen ergötzte und sich für öffentliche Strafen interessierte, zumindest weil sie lehrreich sind, und die ihn wohl deshalb durchs Zentrum von Istanbul eskortierte, wurde 1556 auf einem Esel, mit dem Gesicht zum Schwanz, der Dichter Figani getrieben, der mit einem Distichon gegen die Aufstellung der Statuen von Herkules, Diana und Apoll in der Nähe des Hippodroms protestiert hatte. Seinen Protest hatte Figani auf die höchstmögliche, theologische Autorität gegründet (»Der erste Ibrahim hat die Götzenbilder umgestürzt, der zweite stellt sie wieder auf«, lautete das Distichon, das sich, wie man sieht, auf den ersten Gesandten Gottes, Ibrahim, bezieht, mit dessen Verbot der Idolatrie, das im Islam auf das Verbot der realistischen Menschendarstellung ausgedehnt wurde, Figani auf die Sünde von Süleymans Großwesir Ibrahim hinwies), wodurch er das, wogegen er sich auflehnte, nicht als Verbrechen, sondern als Sünde hinstellte, also nicht als Störung oder Infragestellung der Gesellschaftsordnung, sondern als Bedrohung der kosmischen Ordnung. Und trotzdem wurde er nach dem erniedrigenden Gang durch die Stadt umgebracht. Wie ist das möglich? Oder genauer, wie lassen sich die von Figanis Verhängnis erzeugten Aporien lösen?

Es handelte sich um Metallstatuen, die Ibrahim, ein ehemaliger Sklave, von Süleyman dem Prächtigen in den Rang eines Wesirs erhoben und mit unendlichem Vertrauen beschenkt, nach der Eroberung von Buda als Kriegstrophäen mitgebracht und am Eingang zu seinem Palast in der Nähe des Hippodroms aufgestellt hatte. Figani hat auf das theologische Verbot eines solchen Schmuckes aufmerksam gemacht, also daran erinnert, daß man damit von der göttlichen Offenbarung abgewichen war, und wurde deshalb bestraft. Demnach steht auf der einen Seite das »Dekret über die Bestallung« Ibrahims zum Großwesir und auf der anderen Seite das Wort Gottes; auf der einen Seite die irdische Macht und auf der anderen die göttliche Allmacht; auf der einen Seite steht der durch seine Eitelkeit motivierte Wunsch des zweiten Ibrahims und auf der anderen das durch den Willen Gottes motivierte Verbot des ersten. Um es kurz zu sagen, wie es auch Figani mit dem auf der Übereinstimmung der Namen beruhenden Parallelismus hat sagen wollen, die einem den Vergleich der beiden Ibrahims förmlich aufdrängt: auf der einen Seite steht der Gesandte, der im Islam ein außergewöhnlich hohes Ansehen genießt (er kommt gleich nach Mohammed), ein Mann, der im Namen Gottes spricht, und auf der anderen Seite steht ein irdischer Machthaber. Die irdische Macht beruht zwar auf dem Willen Gottes und ist nur eine Projektion der göttlichen Allmacht, doch allein der Sultan ist direkter Herrscher von Gottes Gnaden, während alle übrigen Träger der Macht Herrscher von des Sultans Gnaden sind, so daß es keine Sünde ist, gegen diesen Ibrahim zu protestieren. Daher rangiert in der Hierarchie der Vergehen das von Figani weit unter dem Ibrahims.

Natürlich läßt sich Figanis Verhängnis leicht mit der unterschiedlichen Art der beiden Vergehen erklären: Ibrahims Vergehen ist metaphysisch (eine Sünde), und so wird auch seine Strafe eine metaphysische sein, während Figanis Vergehen »irdisch« ist (Auflehnung gegen die Macht, ein Verbrechen), und so ist auch seine Strafe eine irdische. Und doch, wurde nicht auch Ibrahim bereits in dieser Welt bestraft, auf dieselbe Art und im Grunde wegen desselben Vergehens wie Figani? Nachdem er einen militärischen Befehl als »Sultan der Heerführer« unterschrieben hatte und damit in einen verbotenen Raum, in die den Sultantitel umgebende »heilige« Sphäre eingedrungen war, wurde er in den intimen Gemächern Süleymans des Prächtigen erwürgt. Wenn man die Sultanswürde von Gottes Gnaden erlangt, mußte Ibrahim wegen wiederholter »Theomachie« und wegen der Verletzung der Unantastbarkeit des Harems getötet werden. Also hat er mit der Aneignung dieses Titels Sünde und Verbrechen – sein eigenes Vergehen und das von Figani –, verquickt und Figanis Schicksal erlitten, um nicht zu sagen, dessen Weg in den Tod wiederholt. Doch Figani tangiert das wenig, da es sich nach seinem Eselsritt durch Istanbul zugetragen hat. Außerdem ist die irdische Macht wie die göttliche in erster Linie Macht über die Rede, Kontrolle über die Auslegung der kanonischen Schriften, mit denen die Gesellschaft und die sozialen Beziehungen reguliert werden, so daß Ibrahim als Großwesir, d.h. als ein Mensch mit Macht, über mehr Möglichkeiten und Rechte als ein Dichter verfügt, die »wahre Auslegung« des Verbots einer realistischen Menschendarstellung in den bildenden Künsten zu bestimmen. Anders ausgedrückt, die Machthaber haben immer viel besser als die Dichter gewußt, was in den heiligen Schriften steht, wovon aufs eindrucksvollste die Tatsache zeugt, daß eine Reihe von Dichtern im Namen der heiligen Schriften von Machthabern hingerichtet wurde, während nicht ein einziger Machthaber von den Dichtern, und sei es im Namen dieser Schriften, hingerichtet wurde.

2

Wie sollte man das Urteil gegen Figani begründen? Vermutlich bestand die einzig annehmbare Lösung für den gehorsamen Kadi darin, ein Vergehen zu suchen, das Figani, nicht aber der Wesir begangen hatte. Figanis Verbrechen war, sich gegen die Macht aufzulehnen, aber er hat es verübt, indem er den Machthaber auf das schwerere Verbrechen der Auflehnung gegen Gott (die Sünde) aufmerksam machte, was bedeutet, daß das Vergehen des Wesirs schwerer wiegt und daß auch der Wesir bestraft werden muß; Figani hatte sich an den »positiven Gesetzen der Gesellschaft« versündigt, indem er einem Machthaber lästig gefallen war, der Wesir aber hatte sich an den »ewigen Gesetzen des Kosmos« versündigt, indem er ein Verbot Gottes mißachtet hatte, so daß er wiederum härter hätte bestraft werden müssen als der Dichter. Das einzige, was der Wesir erlaubt, der Dichter jedoch unerlaubt getan hat, ist das, was man heute »Verletzung des Privateigentums« nennen würde: Der Wesir hatte im allgemeinen Interesse eine feindliche Stadt erobert und die Statuen vor dem Palast des Feindes weggenommen, um sie als Kriegstrophäe mit nach Hause zu bringen, während der Dichter, aus reiner Neugier, in den Besitz des Wesirs eingedrungen war und dort im Garten den Schmuck entdeckt und eingehend studiert hatte. Zu dieser Lösung, über die ein Jurist von heute vielleicht lachen würde, hätte Ibrahims Kadi ohne weiteres Zuflucht nehmen können. Der Garten eines Wesirs ist ein Harem, ein abgeschlossener Raum, so daß der Dichter mit seinem Eindringen in den Garten des Wesirs ein besonderes Sakrileg begangen und ein Verbot übertreten hätte, das dem von Ibrahim mißachteten natürlich nicht annähernd gleichkommt. Schließlich hat Ibrahim mit seinen

Statuen keinen Harem verletzt, worüber aber hier gerichtet wurde.

Wie der Kadi sein Urteil auch begründet haben mag – diese Lösung hätte er zur allgemeinen Zufriedenheit rechtfertigen können, denn in der islamischen Kultur spielt der Garten eine große Rolle, und in ihrer Literatur gibt es fast keinen Text, in dem er nicht wenigstens erwähnt würde. Figanis Verhängnis hätte auch Nur ad-Din' Ali ereilen können, Hakâns Sohn aus *Tausendundeiner Nacht*, der sich mit seiner Sklavin in den Lustgarten vor dem »Schloß der Freuden und der Bilder« des Kalifen Harun er-Raschid verirrt hatte. (»Wen immer du am Gartentor antriffst, mit dem verfahre, wie du es für richtig hältst«, hatte der Kalif dem Wächter des Gartens gesagt, der beim Anblick der Schlafenden, Ali und Enis al-Dschelis, sagte: »Die beiden haben nicht gewußt, daß der Kalif mir befohlen und erlaubt hat, jeden zu töten, den ich hier ertappe«. Mit »hier« ist der Raum vor dem Gartentor gemeint, zumindest indirekt ein Hinweis, was den Fremden zugestoßen wäre, wenn sie in den Garten selbst gegangen wären.) Allerdings wurde Nur ad-Din' Ali, selbst Sohn eines Wesirs, nicht hingerichtet, vielmehr wurden ihm große Ehren zuteil, allerdings ist er in den Garten des Würdenträgers nur in einer Geschichte eingedrungen und nicht in Wirklichkeit wie der reale Dichter Figani.

Am Anfang von *Tausendundeiner Nacht* wie auch von Figanis Verhängnis stehen ein Garten und die Verletzung eines Harems: In einem Garten hatte der schwarze Sklave des Königs Schahrijâr mit dessen Frau geschlafen, was Schahrijârs Bruder gesehen hatte, und so begann der König, um die Unverletzlichkeit des Harems zu wahren, also um die von Gott gegebene Ordnung in der Welt zu erhalten, jede Nacht ein neues Mädchen zu nehmen, das er nach der Entjungferung zu töten pflegte, bis ihm der Wesir, da er in der Stadt kein anderes Mädchen fand, seine Tochter Scheherazade zuführte, die ihren Mann und König tausend und eine Nacht mit Geschichten verführte und so ihre Hinrichtung hinauszögerte. Daraus könnte man schließen, daß Ibrahim Figani umbringen mußte – nicht aus Eitelkeit eines Machthabers, sondern in höherem Interesse, um die Unantastbarkeit der geheimen, geschlossenen Räume zu wahren: Wenn König Schahrijâr 1065 Mädchen (pro Tag ein Mädchen, wie das Buch sagt, »und so ging das drei Jahre lang«, Mondjahre zwar, denn sonst wären es dreißig Mädchen mehr gewesen, jedenfalls wenn es kein Schaltjahr gab) umbringen konnte (vielleicht auch mußte?), um die Unverletzbarkeit des Harems zu gewährleisten, dann konnte wohl auch Ibrahim aus demselben Grund einen Dichter töten. Über die Bedeutung des Harems und den göttlichen Ursprung seiner Unverletzlichkeit wie auch die »weltliche Bedeutung« dieser Institution gibt hinreichend die Tatsache Aufschluß, daß der Begriff des Harems die Gemächer der Frauen (die Schlafzimmer), also die Räume, in denen sich Mann und Frau treffen, und demnach die Räume, in denen Geburten vorbereitet werden und stattfinden, sowie die Friedhöfe, den Raum der Toten, umfaßt. Das Leben ist also vom Harem umschlossen, Anfang und Ende des Lebens sind in einem abgeschlossenen, verbotenen Raum angesiedelt und dort vom göttlichen Geheimnis umgeben. Insofern ist der Harem ein Grenzraum zwischen *dieser* und *jener* Welt, dem Sichtbaren und dem Geheimnis, dem Materiellen und dem Absoluten, ein Teil jener Welt, durch den er auf *diese* übergreift, oder ein Teil dieser Welt, durch den er auf *jene* Welt oder auf *jene* Welten übergreift.

Tausendundeine Nacht beginnt im Garten und spielt sich auch im weiteren darin ab, indem das Buch durch verschiedene

Arten von Gärten mit ihren verschiedenen Funktionen und Bedeutungen führt und die meisten Geschichten um den Garten als kompositorischen Mittelpunkt herum konstruiert. Auf den ersten Blick könnte im »phantasievollsten Buch der Weltliteratur« die nominale Armut der Räume überraschen, in denen sich die Geschichten »zutragen« und die Gestalten aufeinander treffen: der Markt (und die Straße als seine Voraussetzung), der Weg (auf dem Meer oder dem Festland, das Meer mit seinen Inseln oder die Wüste mit ihren Oasen, auf jeden Fall der Weg, im wörtlichen und im metaphorischen Sinne) und der Garten. Das sind die konstanten kompositorischen Mittelpunkte, die drei Räume, die die Verwicklung motivieren und in denen sich die Gestalten begegnen und Beziehungen zueinander knüpfen (sich verlieben, Freunde oder Feinde werden, einander betrügen oder helfen und Rechnungen aufmachen, die im Laufe der Geschichte beglichen werden).

Der vierte »konstante Raum« ist der Palast oder das Haus, und anders als die drei vorhergehenden funktioniert er nicht als Mittelpunkt. Der Palast ist Schauplatz der Auflösung und nicht der Verwicklung; in den Palast gelangt man am Ende, damit die Glücklichen belohnt, die Ungerechten bestraft werden und die Verliebten heiraten können, im Palast werden die Fäden entwirrt, die sich im Garten, auf dem Weg oder auf dem Markt verheddert haben, der Palast ist der Raum, in dem abgerechnet, bestraft, Gerechtigkeit belohnt und Glück zugeteilt wird. Damit kommt ihm in den Geschichten aus *Tausendundeiner Nacht* eine fast eschatologische Bedeutung zu, weil er das endgültige Ziel und das absolute Gericht darstellt. Alles, was vom Garten oder vom Markt ausgeht und auf den Weg gelangt, kommt unweigerlich im Palast an und wird dort unwiderruflich und gerecht beurteilt, geradeso wie diese Welt und das Leben mit allen Verwicklungen und düsteren Rechnungen unweigerlich auf den Jüngsten Tag zugeht, an dem alle Taten unwiderruflich bewertet und alle Belohnungen gerecht verteilt, alle Ungerechtigkeiten korrigiert und alle Sünden nach einem absolut genauen Maß bestraft werden. (Insofern verlaufen die Geschichten aus *Tausendundeiner Nacht* trotz aller komplexen und unerwarteten Peripetien, welche die Lösung unendlich hinauszögern und das verdiente Glück der Helden mit fast perversem Genuß in eine schier unerreichbare Ferne rücken können, linear, wie auch das Zeitverständnis in der islamischen Kultur ein lineares ist. Alles geht vom Garten aus, dem Ursprungsort der Verwicklung, von dort aus gelangt es auf den Weg, der die Versuchung bringt, und endet im Palast, wo die abschließende Belohnung und ewige Beruhigung erfolgt, da den Palast, wenn man ihn am Ende betreten hat, niemand mehr verläßt, als wartete am Ende aller Wege der Palast, unerbittlich wie der Jüngste Tag und genauso absolut in der Bewertung der Taten.)

Der Garten sticht dennoch als dominanter und, könnte man sagen, fast entscheidender Knotenpunkt hervor, nicht nur im statistischen Sinne, insofern es praktisch keine Geschichte gibt, die ihn nicht erwähnt oder ihn als Schauplatz von wenigstens ein paar Begebenheiten einsetzte, sondern vor allem, weil er bei ihrem Aufbau eine wichtige Rolle spielt. Die Tatsache, daß nahezu alle Geschichten in *Tausendundeiner Nacht* eigentümliche Pikaresken sind, macht den Weg zu einem selbstverständlichen und unverzichtbaren Konstruktionselement, das die Entwicklung der Geschichte entscheidend bestimmt und vorantreibt. Der Weg und das Reisen stehen nie am Beginn; vielmehr sind sie Raum und Mittel für die Prüfung der Helden, die sich kennengelernt haben (Beziehungen zueinander geknüpft haben, auf denen die Verwicklung aufbaut, ihre

Wünsche und Ängste formuliert haben, die sie auf den Weg und das Sujet zur Verwicklung führen) und deren Schicksale im Garten oder auf dem Markt ihren Anfang genommen haben. Der Weg ist das Mittel, um die Peripetie zu motivieren und die Lösung hinauszuschieben, sie in unbestimmte Ferne zu rücken. Auf dem Weg begegnen sich Freunde und Feinde, jene, die den Einzug in den Palast fördern, und jene, die ihn erschweren. Alle Gestalten, die die Helden auf dem Weg treffen, kommen zu den bereits bestehenden Beziehungen hinzu und werden als die Reise vom Garten zum Palast beschleunigender oder erschwerender Faktor integriert. Alle Ereignisse, die den Helden auf dem Weg zustoßen, sind Prüfungen, die ihn seinem Glück näher bringen oder ihn davon entfernen, jenem endgültigen Glück, das man sich im Garten oder auf dem Markt gewünscht hat. Der Weg und alles, was mit ihm verbunden ist (alle Gestalten, deren Einführung durch den Weg oder das Reisen motiviert ist, alle Ereignisse, die der offene Raum des Weges und das Abenteuer des Reisens rechtfertigen und den Helden beschweren können), kann nur sich selbst in einer neuen Variante hervorbringen – also ein neues Wegstück, neues Reisen, neue »episodische Gestalten«, die nach den bereits gebildeten Grundkonstellationen bestimmt und ausschließlich durch ihre Beziehung zur bereits formulierten Handlung definiert sind. Im Unterschied zum Garten kann also der Weg nichts anderes hervorbringen, und alle seine Bedeutungen erschöpfen sich in ihm selbst.

Infolgedessen ist der Weg nur »Zwischenraum«. Hier entfaltet sich der bereits formulierte Kern des Sujets, hier wird die Strecke durchmessen, die den Wunsch von seinem Ziel trennt, in diesem Raum werden »Verdienste« für das endgültige Glück »erworben« und die Intensität des Wünschens auf die Probe gestellt, die Kraft und die Fähigkeit, ihn zu erfüllen. Auf dem Weg verdienen sich die Protagonisten die Belohnung oder Strafe, die sie im Palast erhalten. Die wahren Knotenpunkte des Sujets bleiben also Garten und Markt, wobei seine soziale und funktionale Offenheit dem Garten eine ausgesprochene Dominanz verleihen. Der Markt ist durch die »Klasse der Kaufleute« allzu präzise sozial definiert, so daß die Auswahl der Gestalten und damit auch die Auswahl ihrer gegenseitigen Beziehungen recht begrenzt ist. Außerdem ist der Markt ein sozialer Raum par excellence: auf dem Markt ist Absonderung, Isolierung, jegliche Form von Intimität kaum möglich; auf dem Markt ist alles, was geschieht, gesehen und gefühlt wird, öffentlich und allgemein. Der Garten ist dagegen ein Grenzraum, gleichzeitig öffentlich und intim, offen und abgeschlossen, in jedem konkreten Fall »sozial« sehr präzise »definiert«, zugleich als »Raum an sich« allen Gesellschaftsschichten gemeinsam (von Gärten sind die Paläste, aber auch die gewöhnlichsten Privathäuser umgeben), allgemein und abgeschlossen (verboten), so daß die Auswahl der Gestalten und ihrer wechselseitigen Beziehungen sowie der Ereignisse, die sie verbinden oder trennen und Quelle des Glücks oder Unglücks für sie sein können, schlicht unbegrenzt ist. Im Garten kann jeder jedem begegnen, im Garten können sich Liebe und Haß, Freundschaft und Feindschaft entwickeln, im Garten erlangte Ali Nur ad-Din die Sultanswürde, während sein Namensvetter, der Kaufmann Ali der Ägypter, in den Gärten verarmte und alles verlor. (Dann machten sich die beiden, als wollten sie die oben formulierte These bestätigen, auf den Weg – der erste nach Basra, um die Herrschaft seines ehemaligen Sultans zu übernehmen, und der zweite nach Bagdad, um einen ihm irgendwo, irgendwann und von irgendwem vermachten Schatz zu holen; beide brachen aus Gärten zu Palästen auf und realisierten mit ihrer Bewegung das triadische Modell, durch das in der Regel das Schicksal der Helden in *Tausend-undeiner Nacht* definiert wird.)

4

Die Funktionen des Gartens und die Art, wie er in der Konstruktion der Geschichten aus *Tausendundeiner Nacht* eingesetzt wird, illustriert »Die Geschichte des Königs Omar Ibn an-Nu'man und seiner Söhne Scharkan und Dau al-Makan«. Treffender allerdings und dem Kompositionsschema angemessener wäre der Titel »Roman über Scharkan«, denn die Grundlinie der Verwicklung und das wichtigste Element, das die sehr weit voneinander entfernten Sujetlinien verbindet, ist das Leben des Helden (Scharkan), einer Ausnahmegestalt in *Tausendundeiner Nacht*: Alles, was ihm seiner Geburt, seinen Taten und persönlichen Eigenschaften nach zusteht, wird ihm weggenommen (alles, was er verdient, ist ihm in *Tausendundeiner Nacht* abhanden gekommen, jenem Buch, in dem mit vollen Händen alle möglichen Gaben verteilt werden, auch an jene, die sie nicht verdienen). Obwohl er von der rechtmäßigen Frau eines Königs geboren wurde, verliert Scharkan die Krone an seinen jüngeren Stiefbruder, den Sohn einer Sklavin; obwohl er ein gottgefälliger Mensch ist und im Einklang mit den Vorschriften des Glaubens und den guten Sitten lebt, schläft er mit seiner Schwester und bekommt eine Tochter von ihr (wobei Unwissenheit gerade ihn, der doch Herr seines Lebens sein wollte, nicht entschuldigt und von der Sünde des Inzests befreit); obwohl er Abriza, die Tochter des Griechenkönigs, erobert und mit dem Versprechen, sie werde hochgeachtet und in Sicherheit sein, nach Bagdad gebracht hat, wird er um sein Wort und um Abriza selbst gebracht: Sein Vater schläft mittels einer List mit ihr, ohne ihm auch nur die Möglichkeit zu geben, sich für den erzwungenen Wortbruch zu rächen – absolute elterliche Autorität, absolute königliche Macht und gesetzlicher Anspruch auf das, was er von seinen Untertanen wünscht, erweisen sich als unüberwindlich; obwohl er der größte lebende Held ist, stirbt er von der Hand einer winzigen Greisin (wenn auch einer Zauberin, aber er, der Held, den kein Mann hätte töten können, stirbt von der Hand einer Frau, im Bett); obwohl er unendlich mutig, mächtig und unbesiegbar ist, obwohl er es mit mehreren Tausend Rittern aufnehmen kann, wird er beim Kräftemessen von Abriza besiegt (also wieder von einer Frau und wieder von einer Griechin). Grad und Art der tragischen Ironie, mit der Scharkan gestaltet ist, machen diese Figur zu einer Ausnahme in *Tausendundeiner Nacht* (vielleicht in der Literatur überhaupt), sie ist das alles bestimmende Element der Geschichte, das Grundprinzip ihrer Konstruktion. Scharkan hält sich zweimal im Garten auf: das erste Mal, als er Abriza begegnet, womit der Roman eingeleitet wird, und das zweite Mal, als er Dhat ad-Dawahi, Abrizas Großmutter, begegnet, die ihn umbringt, womit der Roman de facto endet, denn mit Scharkans Tod ist die Lösung erreicht.

Die Verwicklung des Romans über Scharkan wird entlang seiner Beziehung zu den Griechen konstruiert (genauer gesagt, zu den Griechinnen, da er direkte persönliche Kontakte ausschließlich zu weiblichen Vertretern dieses Volkes hat), einer Beziehung, in der Scharkan von Anfang an der Verlierer ist: Zuerst gebärt eine griechische Sklavin König Omar einen Sohn, dem später die Krone des Vaters zufallen wird (die nach der Logik der Dinge eigentlich Scharkan hätte zufallen müssen). Danach schickt Omar ein Heer ins Land der Griechen und setzt an die Spitze dieses Heeres Scharkan, der Abriza, einer griechischen Prinzessin, begegnet, sie liebgewinnt und mit ihr heimkehrt, ohne Krieg begonnen zu haben; die Liebe zu Abriza endet damit, daß Omar mit ihr schläft und Scharkan auch in dieser Beziehung unterliegt. Der zweite Krieg gegen die Griechen wird geführt, um König Omar zu rächen, der von Abrizas Großmutter Dhat ad-Dawahi umgebracht wurde, um die entehrte Enkelin zu rächen; in diesem Krieg trifft Scharkan an einem Ort, der unweigerlich an den Garten erinnert, in dem er Abriza begegnete, zum zweitenmal die alte Zauberin, die auch ihn töten sollte. Der Rest des Romans ist ein fruchtloser Krieg, den sein Bruder Dau al-Makan führt, um ihn zu rächen, vielleicht auch deshalb angehängt, um eine durch Scharkans Schicksal bestimmte kreisförmige Komposition zu vermeiden, die aus der Geschichte buchstäblich eine Novelle über Scharkan gemacht hätte.

Am Anfang des Romans lagert Scharkan als Befehlshaber des väterlichen Heeres in einem Tal, beaufsichtigt die Wachen, die um das Lager aufgestellt sind, und schläft darüber ein. Er erwacht erst, als ihn sein Pferd auf eine Wiese bringt, »die einer Wiese des Paradieses gleicht«, auf der er sieht, »wie der Fluß fließt, die Vögel mit den Flügeln flattern, die Hirsche laufen und springen und die Vögel in verschiedenen Sprachen das Glück zum Ausdruck bringen«. In diesem Garten beobachtet Scharkan Abriza, wie sie im Ringkampf ihre Begleiterinnen und ihre Großmutter, die böse Greisin Dhat ad-Dawahi, bezwingt, in diesem Garten wird seine Beziehung zu den Griechen hergestellt, hier beginnen seine Niederlagen, denn Abriza besiegt ihn ein paarmal in gespielten Ringkämpfen, in diesem Garten werden also alle grundlegenden Elemente und Träger der Verwicklung eingeführt und miteinander verknüpft. Vom Garten bricht Scharkan mit Abriza in ihren Palast auf, und damit nimmt die Verwicklung ihren Lauf, welche die Geschichte hervortreiben wird – Ereignis um Ereignis.

Das zweite Mal betritt Scharkan den Garten wieder mit einem Heer, nur ist er dieses Mal aufgebrochen, um seinen Vater zu rächen und nicht, um dessen Ruhm zu mehren. Die Parallele zum vorhergehenden Aufenthalt ist offensichtlich und durch die Ähnlichkeit der Orte hervorgehoben: Wieder handelt es sich um eine ausgedehnte Wiese, auf der »alles wundervoll ist: spielende Tiere und umherspringende Gazellen«, so daß sie, wie ihre Vorgängerin, »einem Paradiesgarten ähnlich« sieht, in dem »eine Blumenpracht blüht und Vögel singen«. An diesem Ort wird Scharkan zum zweiten Mal Dhat ad-Dawahi begegnen, die jetzt als Einsiedler verkleidet ist und sich als Märtyrer des Glaubens unter seine Soldaten mischen wird, um Verwirrung zu stiften und ihn zu töten. Durch diese beiden parallelen, die Geschichte umrahmenden Aufenthalte im Garten werden Verwicklung und Lösung motiviert; die Schicksale aller Gestalten miteinander verflochten, alle bizarren Ereignisse und Wendungen verknüpft und zu einem halbwegs einheitlichen Ganzen organisiert.

Aus meiner oberflächlichen Paraphrase der Geschichte wird ersichtlich, daß sich die beiden Episoden im Garten zueinander wie ein Gegenstand und sein Spiegelbild verhalten. Beide Male ist das Hineingehen in den Garten durch den Krieg motiviert: beim ersten Mal handelt es sich um einen Krieg, der ohne jeden Kampf endet, beim zweiten Mal jedoch um einen wahren Krieg mit spektakulären Schlachten und Wendungen (der erste Krieg sollte gegen die Griechen mit dem König von Konstantinopel als Verbündetem geführt werden, der zweite gegen das Bündnis zwischen dem König von Konstantinopel und den Griechen). Jedesmal trifft Scharkan im Garten eine Griechin: beim ersten Mal ist es die wunderschöne Abriza, während es beim zweiten Mal die mißgestaltete (zudem als Mann verkleidete) Dhat ad-Dawahi ist; und jedesmal entscheidet die Begegnung mit einer Griechin über sein Schicksal und gibt ihm eine Wendung: beim ersten Mal durch die Liebe, beim zweiten Mal durch den Tod. Dieses Spiel der umgekehrten Symmetrie, das die Beziehung zwischen Romananfang und -ende bestimmt, überträgt sich zwangsläufig auf die Sujetlinien und ihre Protagonisten, weil diese in das Spiel der Elemente der Rahmenhandlung einbezogen werden (das Spiel der umgekehrten Symmetrie, das die Elemente des Rahmens spielen, muß auch die Beziehungen innerhalb des Umrahmten bestimmen). So erscheint die Beziehung zwischen Scharkan und seinem Stiefbruder Dau al-Makan als umgekehrte Symmetrie, sie erscheint als Homologie der beiden Eintritte Scharkans in den Garten, und das bedeutet, die Brüder erscheinen wie eine Gestalt und ihr Spiegelbild: beide sind sie Königssöhne, doch die Mutter des einen ist Königin, die des anderen Sklavin; beide sind sie große Helden, aber Scharkan weiht sich diesem Heldentum und ist berühmt dafür, während sich sein Halbbruder dem Glauben und der »anderen Welt« weiht; beide haben viel bekommen, aber Scharkan aufgrund des Rechts und weniger aufgrund von Verdiensten, während sein Bruder aufgrund von Gnade und Glück bekommen hat, was ihm zusteht und sogar das, was er nicht verdient (außerdem hat Dau al-Makan, wie oben erwähnt, praktisch alles bekommen, was Scharkan zusteht, worin man eine weitere Manifestation ihres symmetrischen Verhältnisses sehen kann.)

Die Schicksale der beiden Brüder verlaufen parallel, wobei ihr Parallelismus auf den Gegensätzen beruht, in denen sie sich berühren und ergänzen. Scharkans Auftreten im Roman ist auf Gärten und Paläste begrenzt, Dau al-Makan tritt in diesen Räumen fast gar nicht auf; Scharkan ist weithin bekannt, während Dau al-Makan über die Hälfte des Romans unerkannt in einer Schäferhütte verbringt, so daß auch das Wiedersehen mit der Schwester (der, mit der Scharkan geschlafen hat) mittels einer langen Episode voller Peripetien, Bedrohungen und Ungewißheiten dargeboten wird. Scharkan bildet unter den Gestalten aus *Tausendundeiner Nacht* auch insofern eine Ausnahme, als sein Schicksal nicht durch das triadische Modell Garten – Weg – Palast (Äquivalente: Wunsch – Versuchung – Verwirklichung, Tat – Bewertung – Urteil usw.) definiert wird; er ist die einzige Gestalt in diesem Buch, die nicht umherirrt und niemals in die Krise gerät, die einzige Gestalt also, in deren Leben der Weg (Versuchung, Prüfung) überhaupt nicht auftaucht. Wäre in der islamischen Kultur ein tragischer Held möglich, Scharkan wäre einer, und zwar wegen seiner – natürlich ungestillten – Ambition, das Schicksal in die eigenen Hände zu nehmen und es durch seine Taten und seinen Willen vollkommen zu bestimmen (d.h. den Bruder zu töten, falls einer geboren werden sollte, um damit einem möglichen Streit um die Krone vorzubeugen; worin sein Wunsch sich äußert, den Lauf des Schicksals vorauszusehen, es im vorhinein zu verstehen und seine für ihn gefährlichen Wendungen zu vermeiden); doch da er nicht tragisch sein kann, ist er fast tragikomisch, denn seine Taten verwandeln sich in fremde Siege, und sein Schicksal divergiert vollkommen mit seinen Taten, seinen Absichten und seiner »wahren Natur«. Zweimal hat der Vater Scharkans Taten in ihre Parodie verkehrt (das erste Mal durch das Verbrechen, das er Abriza angetan hat, und das zweite Mal durch seinen Tod) und sie gegen ihn selbst gewendet, während das Schicksal dreimal ein Geheimnis, das seine menschlichen Kräfte nicht zu ergründen vermochten, vor ihm verborgen hielt und ihn so buchstäblich verhöhnt und seinen Ehrgeiz, die ungünstigen Fügungen des Schicksals vorauszusehen und ihnen zuvorzukommen, parodiert hat (zum ersten Mal verbarg das Schicksal ein Geheimnis vor ihm, als Dau al-Makan nach der

Geburt seiner Zwillingsschwester ein paar Stunden im Mutterleib blieb, so daß die Spitzel Scharkan nur von der Schwester berichten konnten; das zweite Mal passierte es, als er mit ebendieser Schwester schlief, weil er sie nicht erkannte; das dritte Mal wurde sein Bedürfnis, das Schicksal zu erkennen, verhöhnt, als er der Greisin Dhat ad-Dawahi aufsaß und dem Bösen vertraute, das als unerschütterlicher Glaube verkleidet war). Hierin offenbart sich Scharkans Grundsünde, durch die die tragische Ironie seiner Gestalt motiviert wird (um nicht zu sagen, seine dauernden Niederlagen in den Kämpfen, an denen ihm am meisten lag): Er wollte ein nicht zu ergründendes Geheimnis ergründen, sein Schicksal beherrschen, das jedoch wie alle anderen Schicksale gerade von dem unergründlichen Geheimnis beherrscht wird, er wollte den Versuchungen aus dem Weg gehen, die das Leben mit sich bringt, und hat darüber vergessen, daß das Leben in dieser Welt eine einzige Versuchung ist. Diesen Aporien, dem ehrgeizigen Wunsch, etwas zu tun, was schon *per definitionem* unmöglich ist (z. B. den Versuchungen aus dem Weg zu gehen, denen ihn ein Erprobungsprozeß hätte aussetzen können, um die Erprobung und das Geheimnis ganz vorhersehbar zu machen), entspringt die tragische Ironie von Scharkans Gestalt. Über der Absicht, sein Schicksal zu beherrschen, versäumt er sein Leben.

Diese Deutung von Scharkans Gestalt erscheint besonders plausibel, wenn man sie im Licht des »umgekehrt symmetrischen« Schicksals seines Bruders betrachtet. Dau al-Makan hat den ganzen Roman auf dem Weg verbracht, er ist mehr als nur erprobt: Als Junge riß er mit seiner Schwester aus, um auf Pilgerfahrt zu gehen, geriet auf Irrwege, wurde krank und fiel einem Eseltreiber in die Hände, der ihn im Auftrag guter Menschen ins Krankenhaus bringen sollte, ihn aber statt dessen auf den Misthaufen eines öffentlichen Bades warf; lange Zeit lebte er von den Almosen des Badheizers, zog dann mit einer Karawane, die seine Schwester nach Bagdad begleitete, weiter, und unterwegs erkannten sich die Geschwister wieder, er traf den Wesir des Vaters, der die Krone für Scharkan dabeihatte und sie schließlich ihm gab. Also: im Unterschied zu Scharkan, der alles wollte, will Dau al-Makan nichts, am wenigsten, den Ereignissen zuvorkommen und das Schicksal überlisten (was Scharkans zentraler Wunsch ist). Im Unterschied zu Scharkan, der sich bemühte, Herr seines Lebens zu sein, und dem »nichts widerfahren ist« (sein Vater schläft mit der geliebten Frau, stirbt im Schlaf von der Hand einer Greisin), lebt Dau al-Makan im Glauben an eine höhere Weisheit, die bestimmt hat, daß dieses Leben eine dauernde Versuchung ist, weshalb ihm »allerhand widerfährt«; bis zur endgültigen Gerechtigkeit, die natürlich mit dem Betreten des Palastes erlangt wird, besteht sein Leben in einer Dauerkrise, weil es in seinem ganzen Lauf an den Weg gebunden ist. So realisieren die beiden Brüder mit ihrem Leben ein vollständiges, für die Helden aus *Tausendundeiner Nacht* charakteristisches Modell – das Modell »Garten – Weg – Palast« – und erscheinen auch deshalb als eine im Spiegel verdoppelte Gestalt, der die Identität der Gestalt mit dem Doppelgänger sowie den inneren Gegensatz der beiden aufzeigt. Und das bedeutet dann, daß der Garten zumindest indirekt (durch die Schaffung eines Modells der umgekehrten Symmetrie im Rahmen der Geschichte, der dann dasselbe Modell zwangsläufig der ganzen Geschichte aufdrängt) auch Dau al-Makans Pikareske als Geschichte einer Reise motiviert, die im Roman über Scharkan auf den ersten Blick wie eine Digression wirkt; doch es erweist sich (wieder durch den Garten und das durch die beiden Aufenthalte im Garten erzeugte Spiel der Spiegel), daß diese Pikareske eine Art Kommentar zu Scharkans Gestalt und seinem Schicksal ist, ein

Kommentar, der über die Darstellung seiner »Theomachie« Scharkans Niederlagen erklärt.

Die skizzenhafte Analyse der »Geschichte des Königs Omar Ibn an-Nu'man und seiner Söhne Scharkan und Dau al-Makan« läßt die zentrale Rolle erahnen, die der Garten in *Tausendundeiner Nacht* spielt. Fast alle Geschichten verbinden ihn mit dem Palast und sind dementsprechend buchstäblich der Weg zwischen diesen beiden Endpunkten. Damit wiederholen sie den kompositorischen Grundriß des Buches selbst: *Tausendundeine Nacht* beginnt mit dem Ehebruch von Schahrijârs Frau im Garten, um im Palast mit einem Fest zu enden, auf dem Schahrijâr seine Würdenträger belohnt und dem Schicksal für Scheherazade, seine Frau und die Mutter dreier seiner Söhne, dankt, was erlaubt, *Tausendundeine Nacht* auf der Ebene der Komposition als Kreis der Kreise zu definieren — jedes Segment ein verkleinertes Modell der ganzen Figur.

5

Der Garten als »Grenzbereich« zwischen intimem und sozialem, abgeschlossenem und offenem Raum ist in erzähltechnischer Hinsicht dem Markt als »sozialem Raum par excellence« überlegen. Die Mittel, die der Garten bietet, um eine Handlung zu motivieren und in Gang zu setzen, sind von einer fast unbeschränkten Vielfalt. Dies läßt sich am Beispiel zweier Geschichten demonstrieren, deren eine, »Die Geschichte des Juweliers Hasan von Basra«, schlicht die Wiederholung der anderen, der »Geschichte von Dschanschah«, ist. In beiden Geschichten finden sich dieselben Motive — das Motiv der Liebe zwischen einem Menschen und einem Vogelmädchen (d.h. einer in ein Vogelmädchen verwandelten Dschinnprinzessin) und das Motiv des »Flugs gegen den Himmel« bzw. an einen anderen für den Menschen unzugänglichen Ort als Voraussetzung für die Begegnung mit dem Vogelmädchen. In beiden Fällen wird der »Flug gegen den Himmel« mit Hilfe großer Vögel verwirklicht, welche die in Tiere geschlüpften Helden (Hasan in die Haut eines Kamels und Dschanschah in den Leib eines Maulesels) zu den Gipfeln der Berge hinauftragen, worin unschwer eine »Verwandlung« in ein anderes Wesen zu erkennen ist: Durch seinen Aufenthalt im Leib des Tieres ist der Held »etwas anderes« geworden, zu seinen menschlichen Eigenschaften sind die Eigenschaften des Tieres hinzugekommen, in das er eingeschlossen war, und er ist etwas Höheres als der Mensch und auch als dieses Tier geworden, weshalb er auch in die Gärten der Dschinnprinzessinnen gelangen kann, also mehr vermag als die anderen Menschen. An der »Geschichte des Juweliers Hasan von Basra« läßt sich die Verwandlung des Helden besser verdeutlichen, weil diese Motive in einer selbständigen Erzählung verarbeitet und insofern klarer ausgeführt sind als in der Geschichte von Dschanschah, die von zwei anderen Geschichten eingerahmt, also eine Geschichte in der Geschichte in der Geschichte ist: Dschanschah erzählt seine Geschichte Bulukijat, von dem die Schlangenkönigin wiederum Hasib erzählt; berücksichtigt man darüber hinaus den Rahmen des Buches, die Tatsache, daß Scheherazade die ganze »Geschichte von Hasib und der Schlangenkönigin« Schahrijâr erzählt, erhält man einen dreifachen Rahmen, der zwangsläufig auch die Motive bestimmt, um die es hier geht. Daß Hasans Liebe zu seiner Dschinnprinzessin glücklich und die von Dschanschah unglücklich ist, weil Hasan seine Liebste ganz in diese Welt geführt hat und in ihr eine Frau gewonnen hat, während Dschanschah mit der Seinen ein wenig in dieser und ein wenig in jener Welt weilte, einige Zeit unter Menschen und dann einige Zeit unter Dschinnen (Geistern) zubrachte und so die von Gott aufgestellten Grenzen zwischen den Welten und Wesen verletzte, wofür er bestraft werden mußte – das ist ein Unterschied, der an dieser Stelle vernachlässigt werden kann. Wichtig an der »Geschichte des Juweliers Hasan von Basra« ist hier ihre Anlage, die auf den zentralen Platz des Gartens in der Konstruktion verweist und seine Überlegenheit über den Markt demonstriert. In dieser Geschichte ist der Markt (von dem sie ihren Ausgang nimmt mit der Begegnung von Hasan und dem Magier, der jenen durch eine Täuschung zum Berg der Wolken führt und auf dessen Gipfel befördert, wo Menschen gar nicht hinkönnen) nur ein Mittel der Motivation, durch das Hasan in den Garten geführt wird, wo die Verwicklung stattfindet und wo das zentrale Motiv der Geschichte eingeführt wird: die Liebe zwischen einem Menschen und einem Vogelmädchen.

Der Garten ermöglicht im Unterschied zum Markt, auf dem der Mensch nicht einmal in *Tausendundeiner Nacht* eine Dschinnprinzessin treffen kann, die Begegnung zweier Welten – einer sichtbaren und einer unsichtbaren, einer realen und einer imaginären, einer Menschen- und einer Geisterwelt, denn der Garten ist wie der Harem ein Grenzraum, in dem sich zwei Welten begegnen, die durch die ewige Ordnung des Universums klar voneinander getrennt sind. Wie Anfang und Ende des Lebens vom geschlossenen Raum des Harems und seinem Geheimnis umgeben sind, wie dieses Leben im Harem mit dem Leben vor der Geburt, bzw. mit dem nach dem Tod und dem Verlassen dieser Welt zusammentrifft, begegnen sich im Garten der einzelne und die Gesellschaft, die Persönlichkeit und die Kultur, die Natur und der geistige Überbau, das Materielle und das Imaginäre, das Sichtbare und das

Unsichtbare, das Mögliche und das Unbestreitbare. Das ist der hauptsächliche Unterschied zwischen dem Garten und dem Markt – der Markt ist der Raum des sozialen Zusammenlebens und der Begegnung von Wesen einer Art, während der Garten der Raum aller Arten des Zusammenlebens und der Raum aller möglichen Begegnungen ist, sozusagen der Inbegriff der Begegnungsmöglichkeiten, »der Raum der Begegnung an sich«. Auf dem Markt trifft der Mensch den Menschen, der Markt ist der Raum, in dem sich die Gesellschaft als System verwirklicht und auf direkteste Weise beweist, während sich im Garten der einzelne auch mit dem Allgemeinen, die persönliche Imagination mit den kollektiven Vorstellungen auseinandersetzen kann. Deshalb sind im Garten Begegnungen mit Menschen höherer sozialer Schichten oder sogar mit anderen Wesen möglich, deshalb findet man im Garten unverhofftes Glück und unverdientes Leid, deshalb ist im Garten schlicht alles möglich.

Vielleicht könnte man das Wesen des Gartens mit einem scheinbaren Paradox veranschaulichen, von dem *Tausendundeine Nacht* sehr stark geprägt ist: Nicht eine einzige Gestalt im Buch ist psychologisch individualisiert, alle verhalten sich in konventionellen und nicht konventionellen Situationen nach Klischees, und dennoch gibt es keine einzige typische Gestalt. Obwohl sie sich im Rahmen desselben Motivs (Liebe zu einem Vogelmädchen) völlig identisch verhalten (in Ohnmacht fallen und in Tränen zerfließen, liebeskrank werden und Verse aufsagen), sind Hasan von Basra und Dschanschah grundverschieden und können keineswegs auf einen Typus zurückgeführt werden. (Man darf nicht vergessen, daß die Gestalten in dieser Prosagattung dem Sujet offensichtlich untergeordnet sind; insofern gibt es die Gestalt als relativ selbständiges System im Rahmen des umfassenderen Systems einer Geschichte praktisch gar nicht. Allerdings kann man durchaus von der Gestalt als Struktur von Verhaltensweisen und Ereignissen sprechen, indem man sie als Querschnitt des Sujets, gewissermaßen auf der »allgemeinen Ebene«, und als Querschnitt der individuellen Verhaltensweisen, Wünsche und Hoffnungen auf der »persönlichen Ebene« der Geschichte begreift. Es handelt sich also lediglich darum, daß die Gestalten keine von der Geschichte »isolierten« selbständigen Einheiten sind, die man auch außerhalb der Geschichte antreffen und verstehen könnte. Sie sind nicht durch Psychologie, sondern durch ein »Schicksal« definiert, und so ist auch ihre Wirkung in der Geschichte nicht psychologisch, durch ihre Natur, sondern durch das Sujet motiviert.) Dieses scheinbare Paradox läßt sich aber umgekehrt auch mit dem Garten veranschaulichen, mit seiner Natur und Funktionsweise in der Geschichte. Im Raum der Geschichte begegnen sich wie in einem Garten das Individuelle und das Gesellschaftliche, das kollektive Bewußtsein und die persönliche Imagination, die Gesetze der Gesellschaft als System und das persönliche Schicksal als Form der Absonderung von diesem System und als Eroberung der Außergewöhnlichkeit.

Die Räume, in denen sich die Gestalten aus *Tausendundeiner Nacht* begegnen – Garten, Markt, Weg und Palast –, sind sozial definierte Räume, wie auch die Gestalten vor allem Herrscher oder Mitglieder von Herrscherfamilien, Hexen und Zauberer, Würdenträger und Heilige, also Figuren sind, in denen sich das Allgemeine einer Gesellschaft verkörpert. Über sie zu sprechen bedeutet daher, über diese Gesellschaft zu sprechen. Das Schicksal des Königs ist untrennbar mit dem Schicksal des Volkes verbunden, wie auch die Laune und der Zustand der Zauberer oder Heiligen von Bedeutung für das Schicksal des Volkes sind, das sie mit den bösen Mächten, mit denen sie im Bunde sind, vernichten oder durch die Gnade

Gottes vor dem Verderben retten können, die sie vermöge ihrer Heiligkeit auf die ganze soziale Einheit, in der sie leben, herabrufen. Demnach könnte man sagen, daß *Tausendundeine Nacht* ein Beispiel für eine Literatur mit einer betont sozialen Funktion ist, eine Literatur, in der die zentralen Träume, Probleme oder traumatischen Erfahrungen einer ganzen Kultur zum Ausdruck gebracht werden, deren Texte sich aus den Elementen dieser Kultur (also den Manifestationen des kollektiven Bewußtseins) konstituieren und bereits im Moment ihrer Entstehung zu neuen Elementen der Kultur werden. Ein Prozeß der Desintegration der Kultur und der Abschwächung des »Gemeinschafts- und Zusammengehörigkeitsgefühls«, dessen Beginn die Literatur mit dem Aufkommen des psychologischen Realismus registriert, läßt sich in *Tausendundeiner Nacht* nicht einmal erahnen: sie läßt keinen »kleinen Mann« auftreten, sie geht nicht ins Schlafzimmer, um die sexuellen Frustrationen einer einsamen Hausfrau oder eines verlassenen Beamten zu erforschen, ihre Motivationsmechanismen sind nicht psychologisch, denn sie ist nicht bestrebt, den Menschen zu verstehen und seine isolierte und einsame innere Welt zu objektivieren.

Die Motivationssysteme in *Tausendundeiner Nacht* sind im Sujet verankert, die Verhaltensweisen der Gestalten werden von der Logik des Sujets diktiert und gerechtfertigt und nicht durch ihre individuelle Wesensart, was bedeutet, daß die Gestalt nicht durch ihre Subjektivität in die Geschichte integriert wird, sondern durch ihre Beziehung zu den Ereignissen, also durch ihre Verhaltensweisen als objektivierte Wesensart. Weit mehr als der Mensch sind die Mechanismen interessant, die sein Schicksal lenken, wobei man sich gar nicht bemüht, diese Mechanismen rational zu verstehen, denn wie sollte der Mensch jemals das Höchste Wesen verstehen, das nur zu irgend etwas »es werde« zu sagen braucht, damit es dann auch entsteht. Die Individualität der Gestalten basiert auf der Außergewöhnlichkeit ihres Schicksals und nicht auf ihrem Charakter und der subjektiven Erfahrung ihres Schicksals.

Daß die Gestalten aus *Tausendundeiner Nacht* relativ stark individualisiert sind (durch ihr Schicksal und ihre Absonderung), definiert die »soziale Bedeutung« dieser Literatur präziser. Es handelt sich nicht um »sozial engagierte« Literatur, die sich dafür interessiert, wie die Gesellschaft als System funktioniert, sondern um eine Literatur, die, indem sie der Kohärenz dieses Systems Rechnung trägt, mit analogen Modellen die Mechanismen des Lebens (der Existenz) reproduziert und der ganzen Gesellschaft diese Mechanismen des Schicksals aufzeigt bzw. sie an sie erinnert. Ihr Interesse ist nicht soziologisch, sondern ontologisch, sie interessiert sich nicht für die Mechanismen der Gesellschaft, sondern für die der Existenz, und ihre soziale Bedeutung gewinnt sie aus der Kohärenz der Gesellschaft, aus der Tatsache, daß dieselben Mechanismen Existenz und Schicksal des einzelnen wie der Gesellschaft lenken. Über jemanden zu reden, wie groß oder klein er auch sei, und durch diese Rede das Modell seines Schicksals zu reproduzieren, in dem sich die Mechanismen der Existenz offenbart haben, bedeutet daher, über alle zu reden, und deshalb kann *Tausendundeine Nacht* allen von allen erzählen, nicht nur wenn es um Könige und Heilige, Wesire und Zauberer, also um Gestalten geht, in denen das Allgemeine einer Gesellschaft zum Ausdruck kommt, sondern auch dann, wenn es um Händler, Fischer, Lastenträger, Taugenichtse, Handwerker und Sklaven geht.

Die Gestalten in *Tausendundeiner Nacht* wiederholen also ein Paradox, das wir als Charakteristikum des Gartens identifiziert haben, der als abgeschlossener, intimer Raum das zentrale erzähltechnische Mittel ist, um unerwartete Begegnungen zu motivieren und einen Schauplatz komplexer und oft bizarrer Verwicklungen zu ermöglichen. Wie die Gestalten ist auch der Garten in seiner Abgeschlossenheit sozial und ermöglicht in seiner sozialen Eigenschaft die Verwirklichung äußerster Vereinzelung. Was wiederum an die bereits erwähnte Tatsache erinnert, daß diese Literatur aus Elementen aufgebaut ist, die bereits Elemente der Kultur sind (als System, in dem sich das kollektive Bewußtsein ausdrückt, als objektiviertes und nach außen gekehrtes Geistesleben der Gemeinschaft), so daß der literarische Text schlicht das kulturelle System oder einen Teil davon reproduziert (wobei er natürlich neue Beziehungen zwischen den Elementen dieses Systems aufbaut). Anders ausgedrückt, die Elemente, aus denen diese Literatur aufgebaut ist, sind einzelne Formen der Rede, was am Beispiel des Gartens überaus deutlich wird.

6

Auf die Rolle und den Platz des Gartens in der islamischen Kultur weist die Tatsache hin, daß der Garten eine göttliche Belohnung für ein gottgefälliges Leben ist: »Verheiße aber denen, die glauben und das Rechte tun, daß Gärten für sie bestimmt sind, durcheilt von Bächen; und sooft sie gespeist werden mit einer ihrer Früchte als Speise, sprechen sie ›Dies war unsre Speise zuvor‹; und ähnliche werden ihnen gegeben; und darinnen werden sie reine Gattinnen empfahen und sollen ewig darinnen verweilen.« (Koran 2, 25) Gott belohnt mit dem Paradiesgarten, der eine »eschatologische Projektion« des irdischen darstellt (obwohl es für einen Angehörigen dieser Welt, bzw. für einen Vertreter der islamischen Kultur natürlich nur umgekehrt möglich ist – daß der irdische Garten nur die materielle Projektion des Paradiesgartens ist): der eine wie der andere ist aus denselben Elementen geschaffen (fließendes Wasser, Bäume, Blumen, Früchte), aber der irdische ist materiell, während der Paradiesgarten ideell (unveränderlich und außerzeitlich) ist. Allerdings rückt die Tatsache, daß es einen ideellen, paradiesischen Garten gibt, den irdischen Garten über die Grenzen der reinen Materie hinaus und semantisiert ihn, indem eine Spannung zwischen dem ideellen Modell und der materiellen Realisierung aufgebaut wird: Wenn der ideelle Garten als eschatologischer Zufluchtsort im Mittelpunkt eines kulturellen Systems steht, verweisen alle Elemente des realen, irdischen Gartens von selbst auf diesen ideellen Garten und funktionieren als materielle Fakten, die ihre materiellen Grenzen überschreiten und, indem sie sich auf ihr ideelles Äquivalent »zubewegen«, Bedeutung produzieren.

Dank der Vorstellung vom Paradiesgarten, die im Zentrum der islamischen Kultur steht, funktionieren die irdischen Gärten in dieser Kultur als Rede, sie existieren als Rede und sind Rede. Natürlich wäre der Garten auch ohne ideelles, paradiesisches Vorbild eine eigentümliche Form der Rede, schon deshalb, weil er »organisierte Natur« ist, weil er durch die Organisation von Elementen, die der Welt Gottes entnommen sind (Wasser, Bäume, Blumen), diese Elemente aus den Grenzen der bloßen Materie hinausgehoben hat, besonders im »natürlichen Kontext« der islamischen Kultur, in der ein Garten einzig mit künstlicher Bewässerung möglich ist. Mit anderen Worten, allein durch seine Existenz verweist der Garten auf etwas außerhalb Liegendes, überschreitet er die Grenzen der reinen Materialität: »Hier hat man Wasser hergeleitet, und deshalb herrscht hier Wohlstand«. Andere Bedeutungen, die der Garten durch seine Struktur, die

Anordnung seiner Elemente, ihre Auswahl und ihr wechselseitiges Verhältnis produziert, lassen sich nur am konkreten Beispiel erklären. Es handelt sich um Bedeutungen, die durch »die stumme Rede« einer jeden Kultur hergestellt werden, also durch die freie Auswahl aus den von der Welt Gottes dargebotenen Möglichkeiten – den paradigmatischen Reihen – und durch Kombination der ausgewählten Elemente zu Syntagmen des konkreten Gartens. Diese paradigmatischen Reihen sind natürlich durch den Willen Gottes bestimmt und für die Ewigkeit aufgestellt (eigentlich nicht für die Ewigkeit, sondern bis zum Jüngsten Tag, was aber dasselbe ist, weil es danach nur einen Garten und ohnehin keine Zeit mehr geben wird) wie etwa die Kategorien der Existenz, so daß es z.B. eine paradigmatische Reihe der Früchte (Feige – Rebe – Dattel – Orange) gibt, der Blumen (Rose – Hyazinthe – Levkoje), der Zierhölzer, der Vögel, der Tiere, die durch ihre Schönheit und ihre eleganten Bewegungen das Herz erfreuen. Vielleicht gibt es auch ein Paradigma der Materialien für Gartenwege (Kies – Sand – gestampfte Erde – Steinplatten – Brachland)?

Was sagt das Syntagma »Wasser – Weiden – Rosengarten – Kiesweg – Datteln« über den Garten als System, was über seinen Besitzer und was über Gottes Welt aus? Natürlich sagt es zunächst aus, daß sein Besitzer nicht besonders viel Sinn für Gartenpflege hat und daher wahrscheinlich auch keinen besseren Garten verdient, aber es sagt wohl noch etwas anderes aus. Vor allem wenn man berücksichtigt, daß das Wasser durch Kieswege begrenzt wird, wodurch beide einander bestimmen, daß Datteln und Rosengarten einander Sinn verleihen, indem unnütze Rosen durch ihre Schönheit die nützlichen Datteln bekämpfen und affirmieren, ergänzen und sich durch ihr Verhältnis zu ihnen bestimmen.

Ohne das ideell existierende System des Paradiesgartens

wären die irdischen Gärten nur ein Bereich der Kultur unter vielen anderen; Bedeutung produzierten sie dann lediglich durch die Spannung, die über die Beziehung zu Systemen anderer Art, aber gleichen Grades aufgebaut wird. Der Garten könnte dann z.b. etwas aussagen über die gesellschaftliche Position seines Besitzers, über die Eßgewohnheiten (die sich etwa durch die Auswahl der Früchte im Garten erahnen lassen), über die Formen des gesellschaftlichen Umgangs in seiner Welt, den Grad seiner Geselligkeit (worüber die Zahl, die Größe und die Anordnung der Lauben im Garten, ihr Zusammenspiel mit Wasser, Obst und Blumen Auskunft geben könnte), über die Rolle des »Schönen« und »Nützlichen« im Wertesystem seines sozialen Umfelds (die sich aus der Wechselbeziehung von rein dekorativen und nutzbringenden Elementen wie Früchten und Blumen erahnen ließe). Vieles in dieser Art könnte der Garten also auch ohne die Vorstellung vom Paradiesgarten aussagen, und wie an den erwähnten Beispielen ersichtlich wird, ist jede produzierte Bedeutung einfach ein Übergang in einen anderen, ebenfalls materiell ausgedrückten und auf dieselbe Art semantisierten Bereich der Kultur. Als eine solche Form der Rede weist der Garten zwar über seine materielle Struktur hinaus, aber gewissermaßen in »horizontaler Bewegung«, indem er durch sein Verhältnis zu den benachbarten kulturellen Systemen, etwa durch seine Beziehung zur gastronomischen Kultur einer Gegend, Bedeutung produziert. In einer Gegend sind Tomaten Nutzpflanzen und stehen im Küchengarten, anderswo gehören sie zu den Blumen und wachsen auf den Beeten. Verwandtschaftssystem und Erbrecht gestalten einen Garten ebenso wesentlich mit wie die Vorstellung einer Gesellschaft von Freizeitkultur.

Aus der Perspektive von *Tausendundeiner Nacht* würde das

bedeuten, daß der Garten in der Konstruktion der Geschichte nur das vermag, was auch der Markt vermag – »Begegnungen des Menschen mit seinesgleichen« anzustiften, zu motivieren. Das System der Gärten wäre ein einstufiges kulturelles System, dessen Elemente nur auf sich selbst verweisen und nicht zu etwas anderem führen können, zu etwas, das sich seinem Wert nach von ihnen und dem System, das sie bilden, unterscheidet. Im Garten könnten sich wie auf dem Markt zwei Menschen begegnen, aber niemals ein Mensch und ein Geist; im Garten könnte sich, wie auch auf dem Markt, eine Verwicklung zwischen zwei Handwerkern oder Händlern ergeben, ja selbst zwischen einem Händler und einer Prinzessin, wenn einer der beiden verkleidet wäre, aber niemals zwischen einem Juwelier und einer Dschinnprinzessin (wie in der »Geschichte des Juweliers Hasan von Basra«). Der Garten wäre, kurz gesagt, ein rein sozialer Raum, in dem sich die Gesellschaft als System bestätigt, er könnte aber niemals der Raum sein, in dem zugleich Vereinzelung und Geselligkeit affirmiert werden, d.h., er könnte nie zu etwas anderem hinführen, z.B. Wesen zweier Gattungen miteinander verbinden, die durch den unterschiedlichen Grad der göttlichen Gnade, die sie genießen, voneinander getrennt sind (da im Islam die Dschinne, die guten wie die bösen, in der Hierarchie der Lebewesen – also entsprechend dem Maß der göttlichen Gnade, die ihnen zuteil wird, und entsprechend der Nähe zum göttlichen Ursprung – unter dem Menschen stehen). Solchermaßen schafft der Markt horizontale und der Garten sowohl horizontale als auch vertikale Verbindungen, was ihm ohne Paradiesgarten als metaphysischem Mittelpunkt des von den Gärten gebildeten Systems nicht möglich wäre. Gerade dank dieser vertikalen Opposition, die die horizontalen Oppositionen zu anderen kulturellen Systemen gleichen Grades (zum gastronomischen, zum System der sozialen Differenzierung usw.) und zur Natur »ergänzt«, funktioniert der Garten in *Tausendundeiner Nacht* so wie z.B. im *Don Quichotte* Don Quichottes Wahnsinn funktioniert – als Mittel, durch das die vertikale Bewegung motiviert wird, als Raum, der auch zu dem führt, was materiell nicht ausgedrückt werden kann. (Vielleicht brauchte Cervantes den Wahnsinn seiner Hauptfigur ja auch deshalb, weil der westliche Kulturkreis kein Äquivalent zum Garten kennt. Die Herbergen und Kreuzungen bei Cervantes entsprechen den Märkten und Wegen in *Tausendundeiner Nacht*, aber ein Äquivalent zum Garten, als Raum, der verbindet, was Gott getrennt hat, der das Intimste mit dem Öffentlichen verknüpft, materiell und imaginär, einen solchen Raum hat Cervantes nicht. Er sucht ihn im Wahnsinn seiner Hauptfigur, mit der er die vertikale Bewegung motiviert, die zum Zusammentreffen von Realem und Imaginärem, von Ironie und pathetischem Glauben führt, von dem, was »alle sehen«, und dem, was der einzelne sich tief in seinem Innern wünscht.)

Dank des metaphysischen Aufbaus des Systems der Gärten, also dank des Paradiesgartens und der Vorstellung von diesem Garten, die im Zentrum des gesamten islamischen kulturellen Systems (und nicht nur des Systems der Gärten) steht, lassen sich die Elemente des irdischen Gartens nicht auf ihre materiellen Merkmale reduzieren und bedeuten durchaus nicht nur sich selbst. Jedes einzelne ist ein unvollkommenes und durch die Zeit bestimmtes materielles Äquivalent für sein Vorbild im Paradies. Das durch den Garten fließende Wasser ist nur ein materielles, also unvollkommenes Äquivalent (ein Bezeichnendes) für die vier Paradiesflüsse, in denen Wasser, Milch, Honig und Wein fließen (dafür spricht ganz unbestreitbar die Tatsache, daß alle Gärten in *Tausendundeiner Nacht*, mit deren Schönheit und Wert man beeindrucken möchte, »vier

Hallen haben, einander gegenüber, aus denen Wasser fließt«), alle Jasminsträucher, Levkojen, Orangenblüten und alle Früchte sind nur das Bezeichnende des ideellen Bezeichneten im Paradiesgarten, und ihre primäre Funktion ist es, darauf zu verweisen. Man könnte sagen, daß der denotative Wert aller syntaktischen Einheiten des irdischen Gartens ihr Verweis auf ihre ideellen Äquivalente im Paradies ist, während alle übrigen Bedeutungen (von denen oben bereits die Rede war, wie der soziale Status des Besitzers, die gastronomischen Gepflogenheiten seines sozialen Umfelds usw.) nur Konnotationen sind, sozusagen Elemente ihres ästhetischen Wertes. Die Oppositionspaare »Element des irdischen Gartens – sein Äquivalent im Paradiesgarten« und »Laut – Phonem« bilden offensichtlich eine vollkommene Homologie: in beiden Fällen ist die Wertigkeit des Systems ideell, abstrakt und vermittelt durch sein unvollkommenes materielles Äquivalent, in dem es nie in seiner reinen, »wahren« Form realisiert sein wird.

Der irdische Garten ist Rede – eine kulturelle Form, die wie die wörtliche Rede gleichzeitig zwei entgegengesetzte Ziele verfolgt: einerseits objektiviert der Garten das äußerst Individuelle, wie es das Wort mit einem menschlichen Gefühl tut, und andererseits demonstriert er die Unwiederholbarkeit des einzelnen, so wie die Stimme eines Menschen seine Einzigartigkeit demonstriert. Seine Sprache ist der Paradiesgarten als ideell existierendes System, das einzig als Eigentum der ganzen Gesellschaft vorkommt und das meine Rede, wie eigentümlich, persönlich und ungewöhnlich sie auch immer sei, objektiviert und »allgemeinverständlich« macht: was für einen Garten ich auch angelegt habe, wie sehr ich auf seiner »Originalität« bestanden und eigenwillig Weiden mitten in den Rosengarten gestellt habe, mein Garten ist aus dem Paradiesgarten hervorgegangen, und das Verhältnis zu ihm schafft seine Bedeutung: sowohl sein Wert (oder sein Mangel an Wert) als auch sein Sinn sind »gesellschaftlich überprüfbar«, weil sie durch den Paradiesgarten als Gemeingut aller Menschen bestimmt sind, die an den einen Gott glauben (will heißen: die in einer Sprache sprechen). Die Bedeutung meines Gartens wie auch meiner Rede ist intersubjektiv, wie immer sie auch beschaffen sind und wie sehr sich in ihnen auch meine unwiederholbare und exklusive Subjektivität ausdrückt.

Zum Paradiesgarten bildet der irdische Garten also eine vertikale Opposition, komplementär zu der horizontalen Opposition, in der er sich zur Natur einerseits und den kulturellen Systemen andererseits befindet. Über diese Beziehungen bildet er ein »kommunikatives Dreieck« aus irdischem Garten (als Rede oder als Zeichen), Paradiesgarten (als Sprache oder als Sinn) und Natur (als Welt, als Gegenstand). Wie Welt und Sprache materiell durch die Rede, wie Sinn und Gegenstand durch das Zeichen miteinander verbunden sind (der Sinn ist die Art, wie der Gegenstand im Zeichen anwesend ist), so sind die Natur oder die Welt Gottes und das Paradies durch den irdischen Garten miteinander verbunden (der Garten ist die Art, wie das Paradies in dieser Welt anwesend ist, das Paradies ist eine »gartenhafte« Seinsweise der Welt). Wie die Rede und die Welt durch die Sprache miteinander verbunden sind, so der Garten und die Natur durch das Paradies; wie die Rede nur dank der materiellen Natur der Welt möglich ist, die sich ja gerade durch die materiell verwirklichte (»irdische«) Rede mit der Sprache verbindet, so ist auch der Garten nur dank der Natur möglich, aus deren Elementen er gebildet wird wie die Rede durch die Stimme und den Körper.

7

Der Gedanke, daß die »Sprachstruktur« des Gartens eine präzise Differenzierung der Gärten in *Tausendundeiner Nacht* und in der islamischen Kultur insgesamt erlaube, scheint logisch. Das Gattungsschema, das man hier aufstellen könnte, besitzt natürlich nur eingeschränkte Gültigkeit; es liefert aber die Grundlage für eine relativ präzise Einteilung der Gärten in *Tausendundeiner Nacht*.

Am seltensten und unbedeutendsten sind dort die öffentlichen Gärten, die man mit der Sprache der Alltagskommunikation und der öffentlichen Information vergleichen könnte. Ihre eminent soziale Funktion, die sie zu einem hohen Maß an Standardisierung und Eindeutigkeit verpflichtet (»Es gibt ein Paradies, und dort wird sicher hingelangen, wer es verdient«, will man vielleicht mit solchen Gärten sagen), bzw. ihr betont pragmatischer Charakter, der Einfachheit und Funktionalität gebietet (der Garten soll den Sklaven Gottes zur Erholung und als Zuflucht vor der Hitze dienen, sie an das Paradies erinnern und weiter nichts), schließt eine ästhetische Information in der Rede dieses Gartens aus und verbietet jede Form von Hermetismus und Eigensinn (Subjektivität) in ihrer Konstruktion, angefangen bei der Auswahl der Elemente bis hin zu ihrer Verknüpfung zu Syntagmen. Es ist kein Zufall, daß in einer der seltenen Geschichten, in denen dieser Garten vorkommt (»Die Geschichte von Nur ad-Din und Marjam der Gürtlerin«), die übliche Beziehung zwischen Garten und Markt umgekehrt wird. Die Geschichte beginnt im Garten, um auf dem Markt anzukommen, wo die eigentliche Verwicklung stattfindet: der Kaufmannssohn Nur ad-Din hat sich in einem (öffentlichen) Garten betrunken und Unzucht getrieben; betrunken, wie er war, hat er seinem Vater ein Auge ausgeschlagen und mußte, um der Rache seines Vaters zu entgehen, von zu Hause fliehen; auf dem Markt in Alexandria traf er Marjam die Gürtlerin und geriet dadurch in die Verwicklung der Geschichte. Der Garten kann also, weil er öffentlich ist, weil er formelhaft sein muß und in seiner sozialen Determiniertheit dem Markt, in seiner Originalität des Ausdrucks einer Regierungserklärung gleichkommt, als Mittel dienen, das die Ankunft des Helden auf dem Markt motiviert; während umgekehrt in der »Geschichte des Juweliers Hasan von Basra« der Markt die Ankunft in einem der Gärten motiviert, die in *Tausendundeiner Nacht* eine in der Weltliteratur unvergleichliche Rolle spielen.

Der ersten Gattung kommt die der speziellen, halböffentlichen Gärten nahe, wie etwa die Gärten mit Bethäusern, Hamams (Bädern), von einer Stiftung unterhaltenen Gebäuden und bedeutenden Gräbern, sofern sie außerhalb des Friedhofs liegen (obwohl auch die Friedhöfe in vielem diesen Gärten nahekommen). Sie implizieren ebenfalls einen hohen Grad an Eindeutigkeit, und zwar, könnte man sagen, einer Diskursivität, wie sie Fachidiome haben, so daß die von ihnen gebotenen Möglichkeiten für die Konstruktion der Verwicklung wieder relativ bescheiden sind. Wie anders als grundanständig und edel hätte sich 'Abdallah ibn Ma'mar al-Kaisi verhalten können, als er an Mohammeds Grab den unglücklich Verliebten Utba aus der »Geschichte von Utba und Raija« traf? Natürlich hat er sich grundanständig verhalten, aber inwieweit ist das eine Manifestation seiner edlen Natur und inwieweit ein Diktat der Gattung, zu der der Garten, in dem sie sich getroffen haben, gehört?

Am zahlreichsten und gemessen an den von ihnen gebotenen Möglichkeiten des Sujets am bedeutendsten sind die persönlichen Gärten, die ich im Sinn hatte, wenn von Gärten die Rede war. Dank ihrer Abgeschlossenheit sind sie »subjektiv« (Ausdruck desjenigen, der sie geschaffen hat, seine persönliche Rede), und die Menge der von ihnen transportierten ästhetischen Informationen ist maximal, weil sie mit der größtmöglichen Präzision formulieren, wie der Besitzer das Paradies erlebt. Die konstitutiven Elemente des Gartens haben in diesem Fall eine ausgesprochen ästhetische Funktion und verhalten sich wie die Elemente der Sprache in der poetischen Rede: indem sie ihre denotative Wertigkeit beibehalten, sich aber miteinander durch Fächer von Konnotationen verbinden, mit denen sie der Kontext bereichert, verändern sie ihre ursprüngliche Natur, werden weit mehr, als sie außerhalb dieses Kontextes waren. Zugang zu diesem Garten haben in der Regel diejenigen, die der Besitzer einlädt, also Menschen, die ihm nahestehen und seine Rede verstehen sollten; gleichwohl ist es kein Vergehen, wenn ungebetene Gäste ihn betreten, was die »Geschichte von Masrur und Zain al-Mawasif« verdeutlicht, in der Masrur ohne Einladung einen fremden Garten betritt und eine fremde Frau verführt. Im übrigen genügt es vollkommen, sich an jemanden mit dem Wunsch zu wenden, sein Gast zu sein und Zutritt zu seinem Garten zu bekommen, zumal der Gast und der Fremde unter dem Schutz Gottes stehen.

Ein persönlicher Garten, den man ohne Einladung nicht betreten darf und zu dem nur Eingeweihte Zugang haben, ist der Garten eines Würdenträgers, vor allem aber der eines Herrschers: Dieser Garten ist in der Regel ein Harem, geschlossen und tabu wie die intimen Gemächer des Herrschers. Es reicht nicht, sich reinen Herzens und mit dem aufrichtigen Wunsch nach Erkenntnis an jemanden zu wenden, um in den Garten eines Herrschers zu gelangen und die Rede des Herrschers zu verstehen, wovon sich der Dichter Figani sehr wohl überzeugen konnte (obgleich Zweifel am Edelmut seiner

Absichten berechtigt wären). Dieser Garten funktioniert wie eine streng hermetische Redegattung, z.B. wie eine magische Formel, deren Sinn nur die Eingeweihten – und auch sie nicht bis ins Letzte – verstehen können. Jedem Laien (Uneingeweihten), der einer magischen Handlung beiwohnt, müssen die dabei freigesetzten Mächte Unheil bringen, unabhängig davon, ob es gute oder böse Mächte sind, die freigesetzt oder herbeigerufen werden, ob den Uneingeweihten, den auf diese Explosionen der Macht Unvorbereiteten, eine göttliche oder teuflische Gewalt verletzt; ganz gleich, ob es sich um Energien handelt, die von hoch über oder von tief unter der Erde kommen – für den allein auf Begegnungen mit irdischen Kräften vorbereiteten Menschen sind sie gleichermaßen gefährlich und zuweilen auch tödlich. Ähnlich muß es jedem, der nicht in die Geheimnisse des Herrschens und der Macht eingeweiht ist, Unheil bringen, wenn er sich anschickt, die Redeformeln des Herrschens zu dechiffrieren, unabhängig davon, ob sie sich durch den Garten oder die Rede äußern; dem Menschen mag es vorkommen, als wäre das ein Wirrwarr ohne Bedeutung; macht er sich aber an eine Deutung und Dechiffrierung, setzt er sich den in der Formel eingeschlossenen magischen Kräften aus, die einem reinen Spiel der Rede mit immer denselben Wiederholungen gleichen mag, aber voll geheimer und sehr wirksamer Kraft ist, die dem neugierigen Deuter zum Verhängnis werden kann. Im übrigen ist es kein Zufall, daß die Gärten der Herrscher Harems sind (wie die Herrscher auch ihre Rede zu einem Harem machen möchten), daß sie also abgeschlossen und wie Frauengemächer und Friedhöfe, wie Geburt und Tod von einem Geheimnis umgeben sind. Wird damit das Herrschen sowohl seiner Bedeutung als auch der Art seiner Unzugänglichkeit nach nicht mit Geburt und Tod gleichgesetzt? Bleibt da noch etwas zu Figani und seinem Schicksal zu fragen?

Unter die Gärten fällt auch der Paradiesgarten, doch kann man ihn natürlich nicht als Redegattung betrachten, denn er ist Sprache an sich, jenseits ihrer materiellen Realisierungen, angesiedelt im ideellen, also eschatologischen Raum. Über ihn kann man nicht in den Kategorien »Offenheit« und »Abgeschlossenheit« reden, da man über ihn auch sonst nicht im Kontext der übrigen Gärten reden kann; wie man über die Sprache an sich, die Sprache in ihrer Totalität auch nicht im Kontext der Redegattungen sprechen kann. Die Beziehung des Paradiesgartens zu den irdischen Gärten ist ausgesprochen ambivalent: er enthält sie alle und macht sie möglich, weil sie nur Nachbildungen seiner Idee, niemals aber dieser Idee würdig sind, und gleichzeitig schließt er sie alle aus, weil er sich erst »öffnen« wird (falls man so sagen kann), wenn die Zeit aufgehoben ist, also wenn alle irdischen Gärten verschwinden (und damit auch die Möglichkeit, sie zu »öffnen« und »abzuschließen«). Geradeso, wie man das von der Beziehung zwischen der Sprache und der Rede sagen könnte, da die Sprache die Rede einerseits möglich, andererseits aber überflüssig macht, weil in der Sprache bereits alle möglichen Aussagen der Rede enthalten sind. Natürlich wird in *Tausendundeiner Nacht* auch dieser Garten erwähnt – wäre doch ohne ihn die »Lektüre der Gärten« zwangsläufig unvollständig und eigentlich unmöglich. In der »Geschichte von 'Abdallah ibn Abi Kilaba und der Säulenstadt Irem« wird erzählt, wie 'Abdallah ibn Abi Kilaba, in der Wüste auf der Suche nach entlaufenen Kamelen unterwegs, in eine Stadt kam, von der er auf den ersten Blick sicher war, daß sie »das Paradies, das uns für das künftige Leben versprochen ist«, sei. Später hat er erfahren, daß es sich um Irem handelte, eine Stadt, »erbaut aus Gold und Silber, in der die Säulen aus Topas und Rubin und der Sand aus Kügelchen von Moschus, Amber und Safran sind«, eine Stadt, durch die Flüsse fließen und auf deren Plätzen Obstbäume und hohe Palmen wachsen, eine Stadt, von Schaddad erbaut, dem Sohn von Ad dem Älteren, König der Könige, der den Wunsch hatte, auf Erden etwas dem Paradiese Ähnliches zu errichten. Es wird sich kaum enträtseln lassen, ob es einen verborgenen Einfluß des legendären Irem auf das Bild vom Paradies im »Sendschreiben über die Vergebung« gibt, wo Abu-al-Ala-al-Maarri seinen Freund Ibn al-Karih durch eine eschatologische Gegend führt, vor allem durch das Paradies, das er ihm als Beweis seiner Gunst zugedacht hat; zumindest zeigt aber diese Koinzidenz, in welchem Maße die Vorstellungen vom Paradies in das Bewußtsein der Menschen und in die Kulturen dieser Welt integriert sind. Nach dreihundertvierzig Jahren der Vorbereitung, von denen dreihundert für den Bau der Stadt, die dem Paradies ähneln sollte, zwanzig für den Bau einer Festung vor der Stadt und zwanzig für die Vorbereitungen des Umzugs aus der alten Stadt aufgewendet wurden, brach das Volk unter der Führung des Königs der Welt, Schaddad, Ads Sohn, nach Irem auf, doch als es einen Tagesmarsch von der Stadt entfernt war, vernichtete Allah mit seiner Stimme das ganze ungläubige Volk und mit ihm auch Schaddad, den Weg zur Stadt aber fegte er hinweg und verwandelte ihn in Wüste, damit die Stadt bis zum Jüngsten Tage bliebe, wie sie erbaut war. Schaddads Tragödie ist nicht ambivalent, gleichzeitig erhaben in ihrer Größe und lächerlich in ihrer naiven Megalomanie wie Scharkans »Theomachie«, obwohl sie ebenso zwingend ist. Schaddad ist einfach lächerlich, nicht nur weil seine Ambition zu befriedigen unmöglich ist, sondern auch weil bereits der Wunsch als solcher unmöglich ist: das Paradies auf dieser Welt zu errichten. Dieser Wunsch ist so unsinnig, wie der Wunsch, mit einem Mal die ganze Sprache auszusprechen. Das Eingehen ins Paradies bedeutet das Eingehen in die Sphäre der reinen Sprache, in eine Welt, in der die Rede nicht möglich ist, da die ganze Sprache gleichzeitig präsent und »hörbar« ist, also in eine Welt des vollkommenen Schweigens, in eine Welt außerhalb der Zeit (so daß auch die Rede, die sich ja nur in der Zeit realisiert, nicht erscheinen und existieren kann). Muß man noch erwähnen, daß dies nichts anderes bedeuten würde, als diese vorläufige Welt, in der das Leben wie die Rede vergeht, zu verlassen und in den Tod einzugehen? Nur den Erwählten, denjenigen, die die höchste Gnade Gottes genießen (ich weiß nicht, ob es sie je gegeben hat, außer Mohammed und vielleicht Ibrahim, bei dem ich mir nicht sicher bin), ist es möglich, ins Paradies einzugehen und zu überleben, d.h. aufs neue in die vorläufigen Gärten dieser Welt zurückzukehren. Das ist nur normal, wenn man weiß, daß ins Paradies einzugehen dasselbe ist wie den Namen Gottes auszusprechen (der ein Äquivalent für die ganze Sprache ist, wenn er nicht gar mit ihr zusammenfällt), also eine Kraft in sich aufzunehmen, die das menschliche Wesen nicht aushalten kann. Hier kann man nicht eingeweiht werden wie für das Betreten des Harems im Garten des Herrschers, das können auch die Eingeweihten nicht aushalten, sondern nur die Erwählten.

Ist Figani dann nicht doch durch einen Irrtum gestorben? Er hat nicht ins Paradies geschaut (was tödlich ist), sondern in einen Garten, er hat nicht den endgültigen, vollen Namen Gottes ausgesprochen, sondern eine verbotene Aussage gemacht. Als ob er eine magische Formel ausgesprochen hätte, deren Sinn er nicht kannte und die ihn umbrachte, obwohl eine magische Formel nicht tödlich sein darf, weil sie das zu sehr der Macht des Gottesnamens annähern würde. In *Tausendundeiner Nacht* betritt man die Harems wie zum Scherz, ohne ernste Folgen für die Gesundheit, geschweige denn für das Leben des Eindringlings. Vielleicht hat sich Figani zu sehr in die Lektüre des Buches hineingesteigert, vielleicht hat er ihm allzu naiv geglaubt und es als die reine Wahrheit über diese Welt aufgefaßt, aber vielleicht hat er sich auch überschätzt, denn er hätte wirklich nicht einen Bruchteil von dem aushalten können, was die Helden in *Tausendundeiner Nacht* aushalten müssen (nicht einen Bruchteil ihrer Anstrengungen und demzufolge auch nicht das vom Geheimnis des Harems ausgehende Maß an magischer Energie). Die magische Energie, die der Geschichte von großem Nutzen sein kann, vielleicht sogar ihren geistigen Wert ausmacht, mag für einen schwächeren Menschen tödlich sein. Aber womöglich hat der Kadi sein Urteil überhaupt nicht mit Figanis Betreten eines fremden Harems begründet, so daß sich diese ganze Spekulation erübrigt. Wie dem auch sei, sowohl der Kadi als auch der Großwesir Ibrahim und der Dichter Figani haben längst das Ihre bekommen, Friede ihnen allen.

Die Frau als Garten
Die Liebesschule der Scheherazade

Ich weiß nicht, ob es Scheherazade war, die *Tausendundeine Nacht* erzählt hat, wie in der Rahmenhandlung behauptet wird, aber ich bin mir sicher, daß dieses Buch von einer Frau erzählt wurde, und wenn nicht von einer, so von mehreren, die sich während vieler Jahre untereinander abgestimmt haben. Ob all diese Frauen sich Scheherazade nannten, oder ob nur eine einzelne, um ihren wahren Namen zu verbergen, sich so genannt hat, oder ob die Erzählerin tatsächlich eine Frau namens Scheherazade war — das weiß ich nicht und muß es auch nicht unbedingt erfahren, denn diese Sorte Fragen reizt mich nicht. Ich weiß nur, daß *Tausendundeine Nacht* ein so weibliches Buch ist, daß es einzig und allein eine Frau geschrieben haben kann. Diese Überzeugung gründet sich allerdings nicht auf die Eigenarten des Buches, die man gern mit dem sogenannten weiblichen Erzählen in Zusammenhang bringt, denn auch ein talentierter Mann könnte ohne große Probleme lernen, auf diese Art zu erzählen.

Der Erzählfluß von *Tausendundeiner Nacht* bildet von der ersten bis zur tausendundersten Nacht so viele Nebenarme, kleine Seen, tote und parallele Flußläufe, daß einem stets dieses Buch einfällt, wenn man weibliches, mäanderndes Erzählen einem männlichen Erzählduktus gegenüberstellen will, der sich auf eine dominante Sujetlinie konzentriert und diese mit logischer Stringenz entfaltet. Doch mäanderndes Erzählen ist durchaus nicht den Frauen vorbehalten; männliche Autoren haben Hunderte von Büchern geschrieben, die herrlich mäandern, und die Frage, ob das Sujet auf eine dominante Linie konzentriert ist, die sich progressiv nach einem kausalen Prinzip entwickelt, sollte man eher mit dem Genre als mit dem

Geschlecht des Autors verbinden (eine mäandernde Kriminal-
geschichte wäre schlecht, auch wenn eine Frau sie geschrieben
hätte, während Tschechow, wiewohl er ein Mann war, selbst
beim Drama auf ein festgefügtes Sujet verzichtet hat). Und so
verhält es sich auch mit anderen Eigenarten des Erzählstils in
Tausendundeiner Nacht, den man heute gern mit »weiblichem
Schreiben« oder »weiblichem Typ des Erzählens« verbindet,
wie etwa der De-Zentriertheit, der Vermeidung einer Technik,
die den Gegenstand des Erzählens definieren würde, und dem
Bestehen auf Verfahren, die diesen Gegenstand umschreiben
usw. usw. All das läßt sich erlernen, nachahmen, all das sind
Eigenarten guten Erzählens, die sich nicht eindeutig auf das
Geschlecht des Autors zurückführen lassen.

Meine Behauptung, daß *Tausendundeine Nacht* eine Frau
geschrieben hat, gründet vielmehr auf einer Reihe von
Einzelheiten, auf unzähligen Details, auf Formulierungen, die
man außer acht lassen könnte, wenn es sich nicht um jene
»Kleinigkeiten handelte, in denen sich der liebe Gott offenbart«. Sie kann man nicht erlernen und nicht nachahmen, sie
sind unübertragbar und einmalig wie ein Fingerabdruck, sie
sind unvergleichbar und unersetzlich, weil sich in ihnen, wie
gesagt, »der liebe Gott offenbart« (und Er – das dürfen wir
nicht vergessen – schenkt nur einzelnen Wesen Existenz: alles,
was von Ihm das Geschenk der Existenz erhält, ist einmalig,
unwiederholbar, nicht ersetzbar). Diese Details sind es, durch
die ein Wesen vollendet, durch die seine Existenz und damit
auch seine absolute Einmaligkeit und Unersetzlichkeit erzeugt
werden; andernfalls wäre das Wesen nicht erschaffen, sondern
produziert, gemacht. Sowenig wir lernen können, den Fingerabdruck oder die Färbung der Stimme unseres Nächsten
nachzuahmen, sowenig können wir lernen, jene Kleinigkeiten
nachzuahmen, durch die ein erzählerisches Werk in seinem

unwiederholbaren Zusammenwirken von Material und Form, Inhalt und Zweck als autonomes Wesen erschaffen wird.

Ein solches Detail ist zum Beispiel die unvergeßliche Stelle, wo über das wunderschöne Mädchen Marjam gesagt wird, daß es »sichtbarer als ein Panier und schöner als ein rotes Kamel« sei (in der 874. Nacht). Zugegeben, ich habe keine stichhaltigen Argumente für die Behauptung, daß nur eine Frau eine Frauengestalt so beschreiben, bzw. ihre hinreißende Schönheit wahrnehmen kann, dennoch bin ich mir dessen fast sicher. Natürlich würde ich nie bezweifeln, daß eine schöne Frau für den normalen Mann sichtbarer als eine Fahne ist. Aber jeder Mann würde auf der Suche nach erzählerischen Mitteln, mit denen er seinem Leser die unvergleichliche Schönheit Marjams vergegenwärtigen könnte, nur dann sagen, daß sie sichtbarer als ein Fahnenbanner sei, wenn der Kontext eine solche Formulierung nahelegt, z.B. wenn Marjams Liebster ein Krieger wäre oder wenn sich die beiden während der Feiertage getroffen hätten, an denen die Stadt mit Fahnen geschmückt ist. Nicht nur ein Mann, auch die überwiegende Mehrheit der Frauen, im Grunde alle, die ihre Texte überprüfen und den herrschenden, d.h. aristotelischen Kriterien des guten Schreibens anpassen, würden so verfahren. Diese Kriterien sind technischer Art, zumal bei den Autoren, die erklärtermaßen gegen den Terror der Klassifizierung und der Statistik ankämpfen, und ich sehe auch keinen Grund, warum das aristotelische Schreibkonzept allein den Männern vorbehalten sein sollte.

Es war eine Frau, die mich in jungen Jahren unerbittlich mit Belehrungen darüber verfolgte, daß auf einer Seite nicht fünf- oder zehnmal dasselbe Wort auftauchen darf. Wenn man schon einen Gegenstand fünf- oder zehnmal nacheinander erwähnen muß, dann sollte man um des guten Stils willen zu Synonymen greifen und diesen Gegenstand mit verschiedenen Wörtern benennen. Vergebens habe ich meiner Gymnasiallehrerin erklärt, daß es Synonyme nicht gibt und kein Wort das andere ersetzen kann, vergebens habe ich geschworen, daß jedes Wesen seinen wahren Namen hat und man diesen Namen auch jedesmal, wenn es erwähnt wird, hinschreiben bzw. aussprechen muß, während jedes andere Wort an der Stelle des wahren Namens, und sei es nach der Meinung mancher Leute noch so sehr ein »Synonym« des Namens, schlicht ein Fehler, ein Betrug oder eine Lüge ist. Ich habe mich sogar auf Flaubert berufen, der seine Arbeit unterbrach, wenn ihm der einzig wahre Name des zu benennenden Gegenstandes nicht einfiel, wenn er also das Wort, das aus der Natur dieses Gegenstandes hervorgeht und als wahrer Name dessen Natur ausdrückt, nicht finden konnte. Völlig vergebens – für meine Lehrerin war Flaubert kein Gleichgesinnter des Kratylos, sondern ein Müßiggänger oder ein von der Statistik besessener Professor, der im Namen des guten Stils die Wörter, die auf einer Seite auftauchen, zählt und nur deshalb manchmal tagelang an einem einzigen Satz arbeitet. Völlig zu Recht behauptete sie, daß man in einer Formulierung nur die Wörter miteinander verbinden sollte, die Phänomene benennen, die irgendwie miteinander korrespondieren. Niemals würde sie formulieren, die wunderschöne Marjam sei sichtbarer als eine Fahne – aus dem einfachen Grunde, weil es in ihrem Weltempfinden keine sichtbaren Korrespondenzen zwischen einer Fahne und einer Frau gibt: mit der Fahne verbindet man Staat, Machtstrukturen, Opfer, Äußeres, Ausgesetztsein usw., mit der Frau hingegen Heim, Inneres, Abgeschlossenheit, Liebe. Fahne ist Staat und Frau Familie, Fahne ist Symbol und Frau Wirklichkeit. Nein, ich bin ganz sicher, daß die Dame, die mich in meiner Jugend mit Belehrungen über guten Stil geplagt hat, Marjam niemals mit einer Fahne vergleichen würde.

Dennoch verrät die zitierte Formulierung, daß *Tausendundeine Nacht* ein ausgesprochen »weibliches Buch« ist, das mit ziemlicher Sicherheit eine Frau geschrieben hat; es ist eine jener Äußerungen, die einem Autor »herausrutschen«, unwillentlich und unkontrolliert, eine jener Stellen, die den Text bis ins Letzte individualisieren. (Sehr aufregend ist die Kombination solcher Äußerungen mit den Klischees in *Tausendundeiner Nacht*: wie jedes formal anonyme Werk des »Volksschaffens« ist *Tausendundeine Nacht* stark durchsetzt von Allgemeinplätzen, Klischees, sogenannten Topoi, doch im Unterschied zu anderen mir bekannten Werken dieses Genres lassen sich hier viele Formulierungen wie die zitierte finden.) Ich glaube, der Autor, egal ob Frau oder Mann, hätte die Behauptung, daß die schöne Marjam sichtbarer als ein Panier sei, gestrichen, wenn sie ihm aufgefallen und zu Bewußtsein gekommen wäre, er hätte sie gestrichen, weil ihm alles, was er gelernt hat, suggeriert hätte, daß ein solcher Vergleich einfach nicht paßt. Aber wenn dieser Vergleich unserem Autor »herausgerutscht« ist? Wenn er dem Gefühl und nicht dem Wissen entsprungen ist? Wenn mit ihm ein Wissen ausgedrückt wurde, das man über den Gegenstand der Rede einzig aus der Innenperspektive gewinnen kann?

Hier könnte ein Begriff weiterhelfen, den der österreichische Kunsthistoriker Alois Riegl auf einen Stil in der Höhlenmalerei angewendet hat. Es handelt sich um Bilder von Menschen an Höhlenwänden, um Bilder, die die menschliche Gestalt ausgesprochen schematisch darstellen und zwar immer mit einer »Anomalie« – ein Bein oder ein Arm ist viel länger als das andere Bein oder der andere Arm. Alois Riegl fiel auf, daß als das längere das Glied in Bewegung dargestellt ist, das Bein, mit dem man ausgeschritten ist, oder der Arm, mit dem man ausgeholt hat; auf allen Bildern ist stets das Glied als längeres dargestellt, das nicht auf sein physisches Maß reduzierbar ist, weil diesem Maß durch die Bewegung Leben hinzugefügt wird. Deshalb, behauptet Riegl, handelt es sich hier nicht um eine technische Unfähigkeit des Malers, um Naivität oder Nachlässigkeit gegenüber dem Gemalten, sondern vielmehr darum, daß sie den Gegenstand aus der Innenperspektive darstellen: der Mensch empfindet das Bein, mit dem er ausgeschritten ist, den Arm, mit dem er ausgeholt hat, als länger und größer, er empfindet sie so, weil er ihre Schwere und ihre Form empfunden und sich bewußt gemacht hat, und diesem Empfinden verleiht er auf dem Bild Ausdruck. Das Bild stellt keinen menschlichen Körper dar, es stellt auch keinen menschlichen Körper in Bewegung dar, sondern das Gefühl des bewegten Körpers für sich selbst. Nicht die Form und nicht die Farbe, nicht den Körper einen Moment vorher und nicht einen Moment nachher, sondern jetzt, gerade jetzt und nur jetzt, da das Bein oder der Arm ganz ausgestreckt sind, so daß ich ihre Form und Schwere und darüber die Logik und die Natur meiner Bewegung empfinde und mir bewußt mache. Für diesen Stil schlägt Riegl die Bezeichnung »haptisch« vor.

Könnte man auch die Behauptung, daß die schöne Marjam sichtbarer als ein Panier sei, »haptisch« nennen? Sie vergleicht nicht zwei Gegenstände als Repräsentanten eines Paradigmas, sie behauptet keine Affinität zwischen zwei Strukturen, sie bemüht sich nicht, zwei Assoziationsfelder zu verbinden – sie drückt lediglich das Selbstgefühl einer Frau zu einem genau definierten Zeitpunkt aus, jenen Augenblick, bevor sie sich dem Geliebten hingeben wird. Nur in diesem Augenblick, weder davor noch danach, weder aus der Außenperspektive noch unter den Kategorien des »objektiven Wissens« fühlt sie sich sichtbarer als eine Fahne. Einzig die innere Anschauung, die Erfahrung, kann einem das Wissen vermitteln, daß ein Arm beim Ausholen länger ist, als wenn er ruht, und einzig aus der Innenperspektive kann einer wissen, daß sich eine Frau sichtbarer als eine Fahne empfindet, daß eine Frau in dem Moment, in dem sie sich der Liebe hingibt, sichtbarer als jede Fahne ist. Dieses Wissen vermittelt einzig die innere Betrachtung, weil es ein Wissen über die innere Natur der Sache ist. Deshalb glaube ich, daß *Tausendundeine Nacht* eine Frau geschrieben hat: eine Frau weiß, daß es in ihrer Natur wie auch in der Natur der Fahne liegt, in einem bestimmten Augenblick gesehen zu werden, ins Auge zu fallen, beim Betrachter Entzücken hervorzurufen, und daß ihr dieses Entzücken umgekehrt durch seine Ergebenheit verschafft wird, daß man vor ihr steht und sie mit einem Treueschwur auf den Lippen und mit dem Traum von der Untreue im Herzen anschaut, daß man für sie kämpft und von ihr träumt, stumm vor Hingerissenheit. Einer Frau »rutscht« der Vergleich einer Schönheit mit einer Fahne ganz natürlich »heraus«, denn tief in ihrem Inneren weiß sie, daß die innere Natur der Frau in dem Augenblick, von dem wir sprechen (und nur in diesem Augenblick), der einer Fahne sehr ähnlich ist. Platons Kratylos glaubte, der Name spreche die innere Natur eines Wesens aus; der treffendste Name für die Schönheit im Augenblick der Entzückung ist die Behauptung, sie sei sichtbarer als eine Fahne.

Die »Frauenperspektive« weist im übrigen auf einen Aspekt der Einheit hin bzw. offenbart eine Form der Einheit in *Tausendundeiner Nacht*, die kaum bemerkt oder zumindest unerwähnt geblieben ist. In der Regel wird dieses Buch nämlich wegen seiner technischen, durch Erzähler und Rahmen gestifteten Einheit (Scheherazade und ihr Hinauszögern des Todes durch das Erzählen) als Ganzheit betrachtet, doch die so hergestellte Einheit bleibt äußerlich. Sie stellt die Selbständigkeit der einzelnen Geschichte nie in Frage: all diese Vogelmädchen und die Glücklichen, die mit ihnen zu tun haben, all die Märkte und Gärten, Dschinne und Fischprinzessinnen, schwimmenden Inseln und Basare, auf denen alles in halber Bewegung erstarrt, all die versteinerten Liebhaber und Paläste aus schwarzem Stein – sie stehen ganz für sich. In der Regel vergißt man beim Lesen die thematische Einheit des Buchs, die Handlung, die all seine zahllosen und unendlich mannigfaltigen Elemente innerlich vereint, man vergißt, daß *Tausendundeine Nacht* im Spannungsgefüge zwischen Scheherazade und Schahrijâr entsteht, daß das ganze Buch nur ein Produkt ihrer Beziehung ist, die sich von der Todesdrohung zur Liebe, von Scheherazades Opferbereitschaft zu Schahrijârs Erkenntnis und seiner Bereitschaft zur Liebe entwickelt. Am Anfang ihrer Beziehung, am Anfang des Buches steht die Todesdrohung und die Bereitschaft zum Tode, am Ende des Buches, am Ende ihrer Beziehung steht das Liebesglück und die Erkenntnis. Den ungeheuren Abstand zwischen Anfang und Ende füllt der Ozean der Geschichten unseres Buches.

Was geschieht zwischen den beiden Polen dieses Spannungsgefüges? Die Antwort hängt davon ab, von welchem Pol aus man schaut. *Tausendundeine Nacht* ist wie eine Arabeske konstruiert und hat wie jede Arabeske mindestens zwei Zentren und lebt von der Spannung, die diese beiden Zentren produzieren (daher auch der Eindruck, den man beim Betrachten einer gemalten Arabeske hat – daß das Bild, das eine Bewegung zeigt, sich selbst bewegt, wie Energieströme in einem elektrischen Feld). Der eine Pol, das Zentrum, ist Scheherazade und alles, was mit ihr verbunden ist, der andere Pol Schahrijâr. Ihre Beziehung illustriert das Prinzip der Arabeske aufs schönste – ein Spiel mit den Symmetrien, die aus der Spannung hervorgehen: Schahrijâr schweigt, Scheherazade spricht; er ist passiv, sie ist aktiv; er wartet, sie bemüht sich, ein bestimmtes Ziel zu erreichen. Und dabei hat sich zwischen Anfang und Ende, zwischen dem ersten und dem zweiten Teil der Rahmenerzählung, also während tausendundeiner Nacht des Erzählens, für Scheherazade nichts verändert, zumindest nicht in ihrem Innern – sie ist glückliche Mutter dreier Kinder, Ehefrau eines Mädchenmörders, vermutlich etwas reicher als zu Anfang (sie hat wahrscheinlich ein paar Schmuckstücke geschenkt bekommen, wenn sie über Schmuck und seine Bedeutung so schön zu erzählen wußte), aber in ihrem Innern hat sich nichts verändert, und sie ist am Ende des Buches genauso, wie sie am Anfang war. Bei Schahrijâr ist es genau umgekehrt, bei ihm hat nicht eine einzige äußerliche Veränderung stattgefunden, aber innerlich hat er sich vollkommen gewandelt, so vollkommen, daß man behaupten könnte, er sei am Ende des Buches ein völlig anderer Mensch als der, der er am Anfang war.

Die grundlegende Veränderung ist natürlich mit Scheherazade verbunden: aus einem Mädchen in der Reihe derer, die er umbringen würde, ist sie für ihn zur geliebten Frau geworden; sie hat diese Veränderung motiviert, sie hat sie durch ihr Wirken hervorgerufen. Wie in einem Bildungsroman besteht die Handlung des Romans in der »Entwicklung« einer Gestalt, in ihrem Weg zur essentiellen Erkenntnis, die den Roman auf der Ebene des Sinns abrundet und vollendet, indem sie seine Gestalt und deren Lebenserfahrung vollendet. Welche grundlegende Lebenserfahrung und welche Erkenntnis bringt *Tausendundeine Nacht* Schahrijâr? Wir haben gesagt, daß die wesentliche Veränderung seiner Gestalt mit Scheherazade verbunden ist, daß sie diese Veränderung ausgelöst hat, daß am Eingang des Buches und an seinem Ausgang die Frau steht. Schahrijâr als Held seines Bildungsromans hat die Frau erfahren, er hat gelernt, eine Frau zu lieben und zu verstehen, er hat die Angst vor der Frau verloren und das Bedürfnis, sie zu besit-

zen, und er hat die Fähigkeit erlangt, ihre Geschenke anzunehmen, die Frau zu genießen, sie zu lieben. Und seine Lehrerin
war Scheherazade – diejenige, die weiß und offenbart, sein
ständiger und im übrigen einziger Gesprächspartner im Buch.

2

Hätte sie der Theologie zugeneigt, Scheherazade hätte mit
ihrer Unterweisung wahrscheinlich gleich bei den Existenz-
gründen begonnen, bei dem, was die Natur alles Existierenden
und eben auch der Frauen bestimmt. Sie hätte Schahrijâr vermutlich daran erinnert, daß den Glücklichen im Jenseits ein
von Huris bewohnter Paradiesgarten versprochen ist, daß die
Huris, die Jungfrauen des Paradieses, ein unentbehrlicher, vielleicht der wichtigste Teil der Belohnung sind, die die
Gerechten nach ihrer Übersiedelung in jene Seinsform erwartet, und daß demnach auch im Jenseits Glück und Seligkeit
ohne Frauen nicht möglich sind. Schon aus der Tatsache, daß
die Huris »autochthone« Bewohnerinnen des Paradiesgartens
sind (und keine Neuankömmlinge, wie es auch die glücklich-
sten von uns sein werden), folgt ja – so hätte sie ihm erklärt –,
daß die Frauen als irdisches Äquivalent der Huris ein Teil des
Paradieses auf Erden, bzw. neben den Gärten die konkreteste
Form der Präsenz des Paradiesgartens auf dieser Welt sind.

Hätte sie der Philosophie zugeneigt, wäre sie also bei ihrer
Unterweisung von den Formen des Seins in dieser Welt ausgegangen, so hätte sie ihrem Schüler das Wesen der Frau wahrscheinlich vom Begriff des Harems her erklärt. Der Harem ist
ein abgeschlossener, umgrenzter Raum, zu dem nur die
Eingeweihten Zugang haben, ein Raum, von dem man vielleicht sagen darf, daß ihn die Aura der Heiligkeit umgibt, aber

immerhin zugeben muß, daß er ein Geheimnis in sich birgt. Der Friedhof ist ein Typ des Harems, denn hier halten sich die Verstorbenen auf, jene Menschen, die in das Geheimnis des Barzakh, der Zwischenstation, des Zwischenreiches, in dem man sich zwischen dem physischen Tod und dem Jüngsten Gericht befindet, eingeweiht sind. Betreten soll man einen Friedhof deshalb nur, wenn man durch eine Waschung und die Kraft des Gebetes vor dem Geheimnis des Friedhofs geschützt ist. Dieses Geheimnis bleibt auf jener Seite, auf die wir natürlich alle gelangen werden, wenn wir in das Geheimnis des Todes eingeweiht werden. Ein Typ des Harems sind auch die privaten Räumlichkeiten von Trägern der Macht, Autorität und Symbolen von Recht und Ordnung, weil in ihnen das Geheimnis jener integrativen Kräfte, die viele Menschen zu einer Gesellschaft vereinigen, gehütet wird. Ein besonderer Typ des Harems, jener, in dem das Geheimnis des Glücks auf dieser Welt gehütet wird, ist der Raum, in dem die Frauen sich aufhalten. In diese Harems kann man erst nach der Einweihung ins Geheimnis und nach dem Ritual eintreten, das den Eindringling vor der Macht dieses Geheimnisses schützt, einer Macht, die gleichzeitig verderbenbringend (wenn sie sich gegen einen Uneingeweihten richtet) und wohltuend ist.

So in etwa, nehme ich an, hätte eine der Philosophie zugeneigte Scheherazade ihre Unterweisung begonnen, sie hätte dann wahrscheinlich über die Phänomenologie des Heiligen gesprochen, hätte Mawlana Rumi und Rudolf Otto zitiert, über die einzelnen Seinsformen in der materiellen Welt gesprochen und wie sie an die ihnen entsprechenden Typen des symbolischen Raums gebunden sind. Ich nehme es an, aber ich weiß es nicht, wir können es nicht wissen, Ruhm sei Dem, der alles weiß.

Im übrigen wäre es völlig nutzlos gewesen, wenn sie nach Art eines Theologen oder Philosophen gesprochen hätte, denn das Wissen, das man durch eine solche Rede vermitteln kann, hätte Schahrijâr nicht geholfen. Er brauchte ein Wissen und eine Erkenntnis, wie sie nur die unmittelbare Erfahrung und die Literatur bieten können, ein Wissen, das die menschliche Totalität umfaßt, den Körper, die Seele, die Gefühle, die Vernunft und das Unbewußte, die äußeren und inneren Sinne, ein Wissen, das in den Gliedern, in den Organen und im Gedächtnis gespeichert ist, ein Wissen, das keine Information, sondern Bestandteil unseres Wesens ist, ein Wissen, wie es der Schwimmer vom Wasser und der Pianist vom Klavier hat. Denn nur eine solche allumfassende Erkenntnis konnte Schahrijâr dabei helfen, die Frau ein wenig zu begreifen, da seine Unwissenheit am Anfang des Buches weit schlimmer als normales Unwissen war – nämlich ein Vorurteil. (Arithmetisch könnten wir normales Unwissen durch eine Null ausdrücken, während man das Vorurteil, das ja negatives Wissen ist, durch eine negative Zahl oder sogar einen negativen Bruch ausdrücken müßte.) Deshalb belehrt Scheherazade, indem sie erzählt, und dieses Erzählen ist mehr und zugleich weniger als die unmittelbare Erfahrung, insofern es ein Wissen vermittelt, das seiner Art nach dem durch Erfahrung vermittelten Wissen gleichkommt, nur weniger wörtlich ist, weniger intensiv und völlig befreit von der schrecklichen Wörtlichkeit und Unbestreitbarkeit der Ereignisse (die mit der realen Erfahrung zwangsläufig einhergehen). Das Erzählen ermöglicht uns, ein fremdes Schicksal in seiner Vielschichtigkeit und Konkretheit zu erfahren, fast so, als ob wir es selbst erlebt hätten, aber am Ende der Erzählung haben wir nicht die Narben, die ein wörtliches Erleben dieses Schicksals hinterlassen hätte; wenn wir uns ganz in eine Erzählung versenken, können wir uns für einen Augenblick von der stumpfsinnigen Übereinstimmung mit uns selbst befreien, von der Verdammung zu der einen einzigen Existenz, die uns gegeben und auferlegt ist, doch das Erzählen nimmt uns nicht wirklich die Umgebung, in die wir durch Geburt geworfen oder durch eigene Anstrengung gelangt sind.

Das Erzählen, zumindest Scheherazades Erzählen, ist eine persönliche Rede über andere, aber mit der eigenen Stimme, eine Rede, in der sich das erzählende Ich so tief zu verbergen bemüht, daß es scheint, als würden Menschen, Tiere und Vögel, Ereignisse, Schicksale und Wasser – als würde jeder sich selbst aussprechen. Und dabei geht aus allem deutlich hervor, daß sich jeder von ihnen nur durch die Stimme des Erzählenden hat aussprechen können, weil die menschliche Rede persönlich und unwiederholbar sein muß, wie sehr der Redner sich auch bemüht hat, diesen Umstand zu verbergen. Scheherazade erzählt natürlich nicht von sich, dazu ist sie zu vornehm. Aber in ihrer Erzählung redet natürlich sie, und das läßt sich nicht verbergen, sowenig wie die Tatsache, daß alles, was sie sagt, an Schahrijâr gerichtet ist, den sie im übrigen oft direkt anspricht, und sowenig wie der Zweck allen Erzählens – ihren armen Zuhörer von Angst, Wut und Vorurteilen zu befreien (die ihn dazu brachten, Frauen zu töten) und ihn in das Geheimnis einzuweihen, ihn also in den Harem einzulassen.

Bereits am Anfang, in der Rahmenhandlung der ersten Erzählung (»Die Geschichte vom Kaufmann und dem Dämon«) reihen sich die Frauengestalten aneinander. Eine der Frauen, die in den eingerahmten Erzählungen vorgestellt werden, die Frau aus der »Geschichte des Greises mit dem Maultier«, demonstriert das Prinzip der Arabeske, auf dem *Tausendundeine Nacht* gründet. Diese Frau ist im Grunde eine

Replik auf Schahrijârs Ehefrau aus der einleitenden Geschichte, durch ihr Verhalten und ihr Schicksal wiederholt sie
ihre Vorgängerin, aber nicht ganz, sondern nur insoweit es notwendig ist, um das Prinzip eindeutig zu erkennen. Wie
Schahrijârs ehemalige Frau hat sie die Abwesenheit ihres
Mannes aus dem Haus ausgenutzt, um sich mit einem schwarzen Sklaven den körperlichen Genüssen hinzugeben; wie ihre
Vorgängerin wurde auch sie von ihrem Ehemann in flagranti
erwischt; ihr Mann mußte sich an ihr rächen, wie sich auch
Schahrijâr an seiner untreuen Frau rächen mußte. Die Übereinstimmungen zwischen den beiden untreuen Frauen sind
zahlreich und offensichtlich genug, um das Prinzip, um ein
bestimmtes Frauenschicksal in einer bestimmten Gesellschaft
erkennbar werden zu lassen. Und die Unterschiede sind zu
groß, als daß man von einer mechanischen Wiederholung sprechen könnte: sie verzaubert ihren unglücklichen Mann in einen
Hund, um ihn loszuwerden; danach erlöst eine andere Frau,
die Tochter eines Metzgers, den Mann von seinem Hunde-
schicksal, gibt ihm seine menschliche Gestalt zurück und zeigt
ihm, wie er sich an seiner Frau rächen und sie in ein Maultier
verzaubern kann. Das ist eine arabeske, eine produktive Wiederholung, die Unendlichkeit erzeugt – das einmal etablierte
Prinzip wird stets aufs neue befolgt und bestätigt, zugleich aber
auch in Frage gestellt, überprüft, um nach Auswegen aus dem
einmal etablierten Modell zu suchen.

Ich weiß nicht, was die Psychotherapeuten zu Scheherazades
Idee sagen würden, ihren zukünftigen Ehemann mit einer
Geschichte über einen Fall, der so sehr seiner traurigen Ehe
gleicht, an das Geheimnis der Frau heranzuführen, doch aus
der Perspektive des erzählerischen Handwerks ist diese Idee
aus mindestens zwei Gründen geradezu brillant. Der erste
Grund ist die Wiederholung, durch die das arabeske Prinzip

als Konstruktionsmodell des Buches etabliert wird, und der zweite Grund liegt in der Art, wie der erzählerische Verlauf motiviert wird. Gutes, sinnvolles Erzählen zeichnet sich dadurch aus, daß der Gesprächspartner (der Leser, der Zuhörer) sich persönlich angesprochen fühlt und in der Erzählung seine ureigenen Fragen, Erfahrungen, Probleme wiedererkennt. Bleibt dieses Wiedererkennen aus, gewinnt der Gesprächspartner nicht das Gefühl, daß sich die Erzählung direkt an ihn, an ihn persönlich richtet, verliert das Erzählen viel von seiner Berechtigung. Das muß nicht bedeuten, daß der Leser nicht gut oder daß die Erzählung schwach wäre, das bedeutet lediglich, daß sie den Leser in diesem Moment nicht angeht. Und genau das erreicht Scheherazade mit ihrer Geschichte vom Greis mit dem Maultier. Schahrijâr erkennt seinen eigenen Fall darin wieder, er gelangt zu der Einsicht, daß seine Erfahrung einzigartig ist, worauf ihn die Unterschiede, und daß er sie mit vielen teilt, worauf ihn die Ähnlichkeiten hinweisen; er begreift, daß sein Fall ein realer Bestandteil des Lebens ist, weil er unwiederholbar und allgemein zugleich ist und weil, was wahr ist, in dem Sinne wahr ist, daß wir es im gleichen Maße, wie es uns gehört, auch mit anderen teilen. All das erreicht Scheherazade mit der Geschichte über die Frau, die ihren Mann mit einem schwarzen Sklaven betrogen und ihn in einen Hund verwandelt hat und jetzt zur Strafe in ein Maultier verwandelt durch die Welt geht (der Mann ist jetzt ein Greis, das Unglück mit ihnen hat sich wahrscheinlich vor sehr langer Zeit ereignet, als sie jung waren oder zumindest jung genug, um von Leidenschaften besessen zu sein; der Mann muß sich fragen, wie viele Jahre er seine ehemalige Frau in der Gestalt eines Maultiers durch die Welt führt, warum er sie umherführt; was sie aneinander bindet, was ihn all diese Jahre an sie bindet; sie unterhalten sich auch noch, sie bestätigt seinen Bericht) – sie erreicht, daß sich ihr Gesprächspartner direkt angesprochen fühlt, sie gewinnt einen interessierten Zuhörer, der das Erzählen tausend Nächte und eine Nacht lang (also alle Nächte, eine Ewigkeit lang) als ein Erzählen von sich und seinen Erfahrungen verstehen und empfinden wird.

3

Nachdem sie die Interessiertheit ihres Gesprächspartners sichergestellt und ihn dazu gebracht hat, sich als Teil der erzählten Welt zu fühlen, nachdem sie ihm seine »mystische Partizipation« ermöglicht und ihn davon überzeugt hat, daß es in ihrem Erzählen die ganze Zeit um ihn geht, wenn sie also all das getan hat, beginnt Scheherazade Erzählungen aneinanderzureihen, die mit einer Galerie weiblicher Gestalten ausgestattet sind, wie man sie wohl in keinem zweiten Buch der Weltliteratur finden wird. Treulose und Verführerinnen, Unglückliche, die das Opfer ihrer eigenen Begierde werden, und edle Heldinnen, die sich für andere opfern, Gerechte und Betrügerinnen, Schönheiten, die über alles Wissen verfügen, mißgestaltete Zauberinnen, die leider fast alles wissen, Mutige und Edle, Abenteurerinnen und gewandte Hüterinnen des Hauses, Arbeiterinnen und Prinzessinnen, Arme und an Pracht gewohnte Schönheiten, Sklavinnen, die eine unaussprechliche Macht über die Herrscher haben (in der 41. Nacht sagt die Sklavin Kutulkuluba zu ihrem Geliebten Ganim, »mach dir keine Sorgen um mich, ich weiß, wieviel Macht ich über den Kalifen habe«), und Herrscherinnen, die begreifen, daß die Macht der Liebe unvergleichlich viel höher steht als die des Herrschers – all diese und noch viele andere weiblichen Charaktere und Schicksale bevölkern Scheherazades Erzählung.

Manche werden Schahrijâr an die Frau erinnern, derentwegen er sich am ganzen weiblichen Geschlecht rächen wollte, Frauen, die eine edle Kunst bis zur Vollendung beherrschen, Frauen, die die gelehrtesten Männer ihrer Zeit in Diskussionen über Rhetorik, Logik, Recht, Astrologie, Philosophie, Theologie usw. besiegen. Aber alle oder fast alle Frauen, die Scheherazade Schahrijâr vorstellt, die guten wie die schlechten, die schönen wie die häßlichen, die Erlöserinnen wie die Unheilbringenden, sie alle sind Trägerinnen eines Geheimnisses, und durch dieses ihr ganzes Wesen durchdringendes Geheimnis heben sie sich vom gesellschaftlichen Durchschnitt ab. Das Geheimnis, das sie in sich trägt, trennt die Frau von einer auf die Gesellschaft und ihre Gesetze reduzierten Welt ab, es verbindet sie mit Formen und Sphären des Seins, die dem Verstand und dem Auge des Menschen unzugänglich bleiben; wegen dieses Geheimnisses kann man über keine einzige Frau in *Tausendundeiner Nacht* sagen, daß sie »menschlich, allzumenschlich« ist. Sei es, weil die Frauen gebären und die Entstehung des Lebens an sie gebunden ist, sei es, weil sie durch ihren Aufenthalt in den geschlossenen, in den abgetrennten Räumen des Harems in manches den Männern verbotenes Wissen eingeweiht werden, sei es aus Gründen, die meinem leider menschlichen Verstand verborgen bleiben müssen, auf jeden Fall sind die Frauen, zumindest wie sie Scheherazade ihrem zukünftigen Mann vorstellt, dem Ursprünglichen näher und streben daher, einem inneren Impuls folgend, der Vollkommenheit zu.

Einmal ist es die Vollkommenheit der körperlichen Schönheit wie in der »Geschichte von Ibrahim Ibn al-Mahdi an den Kalifen al-Memun über das Mädchen, das er geheiratet hat«. In der 346. Nacht geht Ibrahim Ibn al-Mahdi durch die Straße und sieht am Fenster eines Hauses eine Frauenhand, nein, eigentlich nur die Hand und das Handgelenk, doch erkennt er darin eine Schönheit, die direkt an ihn appelliert, er begreift sofort, daß er zu der Frau, deren Hand er gesehen hat, gelangen muß. Um zu ihr zu kommen, um die Liebe seines Lebens zu verwirklichen, ersinnt Ibrahim Ibn al-Mahdi eine ganze Reihe von Listen (es gilt, in das Haus völlig unbekannter Menschen einzudringen), (miß)braucht sein rhapsodisches (sängerisch-spielerisch-schauspielerisches) Können, beruft sich auch auf das traditionelle Gastrecht ... Aber am Ende hält er in seinen Händen die Hand, die er von der Straße aus gesehen hat, genießt er die Entdeckung, daß der ganze Körper jener Hand, die ihn entzückt hat, würdig ist, und heiratet die Unbekannte, die er ein Leben lang mit seinen Umarmungen kleiden möchte.

Ist es mir gelungen, die Erfahrung des Helden wiederzugeben? Er hat von der Straße aus eine Hand (ein Handgelenk und eine Hand) gesehen und ist in eine große, beständige Entzückung geraten, groß genug, um in das Haus unbekannter Menschen einzudringen, und beständig genug, um eine Beziehung für das ganze Leben darauf zu gründen. Das überzeugt Sie nicht? Schade, denn das bedeutet, daß Sie entweder vergessen haben, was Unterweisung in lebenswichtigen Dingen ist, oder nie erfahren haben, was Erotik und Liebe sind. Wie würden Sie denn einen unglücklichen Menschen wie Schahrijâr, für den das Besitzen alles ist, wie würden Sie so einen Menschen in den Künsten der Erotik unterweisen, wenn nicht wie Scheherazade mit der Geschichte von Ibrahim Ibn al-Mahdi: mit einer Geschichte, die zeigt, daß es unwesentlich ist, wieviel Sie von einer Frau gesehen haben, weil nicht die Menge, sondern die Schönheit des Gesehenen Entzücken auslösen wird; mit einer Geschichte, die zeigt, daß die erotische Entzückung dann ausbricht, wenn Sie erkennen, daß die

Schönheit der betrachteten Frau direkt an Sie gerichtet ist, wenn etwas in Ihnen auf die Rede dieser Schönheit reagiert. Natürlich sagt Ibrahim Ibn al-Mahdi dem Kalifen al-Memun nicht, wie die Frau, die ihn entzückt hat, aussieht – die Schönheit unterliegt keiner Regel, und es ist unmöglich, einem anderen die eigene erotische Erfahrung zu vermitteln. Erotik ist die Kommunikation zweier Körper, die sich gegenseitig erkennen und in ihrer unwiederholbaren Individualität bestätigen. Eine Frau kann aussehen, wie sie will – Sie werden sie nicht erotisch erleben, werden ihre hinreißende Schönheit, den unwiderstehlichen Reiz ihrer Handgelenke nicht erkennen, wenn Ihre Körper nicht registriert haben, daß sie zueinander sprechen, nicht verstanden haben, was sie einander sagen, wenn sie nicht gespürt haben, daß die Rede des einen einzig und allein an den anderen gerichtet ist, und ihnen nicht klar ist, daß sie sich gerade in der gegenseitigen Berührung vollenden. Es geht nicht darum, wieviel Sie voneinander gesehen haben und wie »objektiv« das, was Sie gesehen haben, erscheint, wichtig ist, ob Sie in dem, was Sie gesehen haben, die unwiederholbare Wirklichkeit eines lebendigen Körpers, der auf Ihren Körper anspricht und ihn ergänzt, gefühlt und erkannt haben.

Eine andere Form der von den Frauen erstrebten Vollkommenheit, die Scheherazade Schahrijâr vorstellt, um ihm etwas über das Wesen der Frau beizubringen, ist die Beherrschung einer Kunst. Musizieren und Singen, das Gestalten von ganz besonderen und wunderschönen Gürteln oder Vorhängen, jedes beliebige Werk, das Wissen und Inspiration in sich vereint und so das Einzigartige objektiviert – all das sind Fertigkeiten, die einige der Frauen aus *Tausendundeiner Nacht* geradezu vollkommen beherrschen, derart vollkommen, daß es ihnen mit ihrer Kunst gelingt, anderen Menschen die Tür zu einer anderen, vielleicht besseren, vielleicht auch nur erträglicheren Welt einen Spaltbreit zu öffnen. Das Mädchen in der 410. Nacht singt so vollendet, daß einer der vor dem Vorhang versammelten Jünglinge um die Erlaubnis bittet, sterben zu dürfen (»Bei Allah, meine Gebieterin, du hast so schön gesungen, daß ich sterben könnte, wenn du es mir gewährtest«). Sie muß annehmen, daß eine einfache Erlaubnis sie mit seinem Tod in Verbindung bringen würde, andererseits weiß sie, daß jede wirkliche Kunst von den Gegebenheiten der realen Existenz befreit und die Tür zu anderen Seinsformen aufstößt, wenn auch nur vorübergehend, dann nämlich, wenn sich der Kunstgenießer entscheidet, eine gewisse Zeit auf der Schwelle zwischen dieser und jener anderen Existenz zu verweilen. Außerdem öffnet sich eine einzelne Kunst nur einem Sinn, und keine hat für sich allein das Recht, die ganze Seele hinüber zu führen. Sie weiß, daß sie weder in ihrem noch im Namen ihrer Kunst das Recht hat, dem Jüngling das Sterben zu erlauben; eine Kunst, die das Sterben erlauben würde, wäre eine Art Theomachie, weil sie die Grenze überschreitet, die ihr durch ihre Natur gesetzt ist. Deshalb erlaubt die Musikerin, die hinter dem Vorhang vor den Zuhörern verborgen ist, also auch diese Grenze achtet, dem jungen Mann zu sterben, falls er verliebt ist.

Einen ähnlichen Grad an Vollkommenheit erreichen die zahlreichen Zauberinnen, die unvergleichlich sind in ihrer Hingabe an das Böse, in ihrer Fähigkeit, Intrigen zu ersinnen und in die Tat umzusetzen, in ihrer Kenntnis von Giften und magischen Formeln, in ihrer Versiertheit, sich zu verwandeln und hinzugelangen, wohin sie wollen. Auch sie verlieben sich natürlich (in *Tausendundeiner Nacht* ist Vollkommenheit ohne Liebe nicht möglich), nur daß ihre Liebe eigentlich eine Hingabe an böse Dschinne, verschiedene Scheusale, mißgestaltete Diener des Iblis ist. Daher möchte ich keine Worte an sie verschwenden, ich möchte nichts von ihnen hören, geschweige denn etwas über sie, Ruhm sei Dem, der uns vor allem Bösen behütet.

Eine Ausnahme ist das schöne Mädchen Abriza, die Tochter des byzantinischen Herrschers aus der »Geschichte des Königs Omar Ibn an-Nu'man und seiner Söhne Scharkan und Dau al-Makan«. Sie ist in jeder Hinsicht ein Sonderfall, denn ihr ist eins der wenigen unglücklichen Schicksale in *Tausendundeiner Nacht* zugeteilt, und dadurch ragt sie über die Gestalten des Buches hinaus: In einem Buch, in dem sich jeder zweite Händler mit dem König verschwägert und jeder zweite Fischer wahnsinnig reich wird, in einem Buch, in dem das Schicksal mit der Verschwendungssucht eines betrunkenen Barons Segnungen verteilt, verliert Abriza Familie und Heimat, Königswürde und gesellschaftliches Ansehen, Reichtum und am Ende ihr Leben. Sie ist auch darin eine Ausnahme, daß sie als Gestalt aus einer Vielzahl von Perspektiven definiert wird, was in *Tausendundeiner Nacht* nicht sehr häufig vorkommt. Wir kennen ihren sozialen Status und verfolgen in der Erzählung alle Statusveränderungen, wir erfahren viel über ihre Gewohnheiten und Neigungen, wir erfahren, was sie gelernt hat und welche Künste sie beherrscht, wir lernen ihre Reaktionen auf bestimmte Leute kennen. Wir erfahren genug über sie, um uns davon zu überzeugen, daß sie sich der menschlichen Vollkommenheit bis zu einem besorgniserregenden, ja unerträglichen Grad angenähert hat: sie ist schön und gebildet, heiter und geistreich, beliebt und ausgesprochen moralisch, tugendhaft und mutig, unübertroffen im Sport und Kampf, ihre körperlichen Fähigkeiten machen sie so überlegen, daß sich einzig ihre geistigen Fähigkeiten damit messen können. (»Die muß sterben«, würde ich sagen, wenn ich in einem Drama, das ich einstudiere, einer solchen Gestalt begegnen würde. »Ein so vollkommenes Menschenkind darf auf die Bühne, aber es darf sie nicht lebendig verlassen«.)

Sie ist im übrigen auch darin eine Ausnahme, daß sie ausgesprochen konsequent vorgeht, spricht und denkt; die Gestalten dieses Buches überlassen sich in der Regel gern dem Schicksal, ganz im Einklang mit einer Erzählweise, die das Sujet der Gestalt überordnet und mit jähen Wendungen, dem Eingreifen einer höheren Macht in den Lauf des Geschehens und mit Wundern ernsthaft rechnet. Abriza nimmt den Befehlshaber eines feindlichen Heeres als Gast auf und gewährt ihm sogar gegen den Willen ihres Vaters Schutz; sie verläßt ihre Heimat, nachdem sie sich an den Gesetzen versündigt hat, und geht an den Hof des Kalifen Omar, wo sie Asyl erhält, sie verläßt auch diesen Hof, nachdem sich der Kalif über das ihr gegebene Wort hinweggesetzt und sie unter Anwendung einer List beschlafen hat. (Abriza ist im übrigen auch darin etwas Besonderes: in einem »muslimischen Buch« ist ein muslimischer Herrscher ein Lügner und Betrüger, während die »ungläubige Prinzessin« ein moralisches Vorbild ist. Ich wollte, es gäbe in der Weltliteratur mehr solche Beispiele.) Wichtig zu betonen, daß sie zu keiner ihrer Abreisen gezwungen wurde und daß alle ihre Verhaltensweisen aus freier Entscheidung resultierten, denn daraus erhellt, wie sehr in ihrer Gestalt das Modell des tragischen Schicksals, wie wir es aus der griechischen Tragödie kennen, verwirklicht wird. Nur der tragische Held besitzt diesen Grad an Souveränität (der Gedanke wird unmittelbar zur Entscheidung, und die Entscheidung wird unmittelbar in die Tat umgesetzt), und nur der tragische Held verwirklicht so konsequent das heroische moralische Prinzip (von sich mehr als von anderen zu verlangen, von sich eigentlich alles und von den anderen, von denen, die überleben, um am Ende des Stückes die Moral auszusprechen, nur ein Minimum an Moralität zu verlangen). Aber Abriza ist die tragische Heldin eines Prosatextes und nicht eines Dramas, so daß die Erkenntnis, die das Leiden mit sich bringt, von ihr und nicht vom Chor (der immer überlebt) ausgesprochen wird: »Mir sind nur noch schwarze Sklaven geblieben, nachdem ich die ersten unter den Königen verschmäht habe«. Wie so viele wahrhaft tragische Helden erkennt Abriza durch das Leiden die Grenzen, die den Menschen durch ihre Existenz und ihren Platz in der Hierarchie der Seinsformen gesetzt sind. Und wie so viele wahrhafte Helden entscheidet sie sich für den Tod, weil sie es nicht für lohnenswert hält, diese Grenzen anzuerkennen.

Auch durch die Form, die sie dem Verhältnis zwischen Frau und schwarzem Sklaven, einem wesentlichen Motiv in *Tausendundeiner Nacht*, verleiht, wird Abriza zu einem Sonderfall. In einer Reihe von Details verändert ihre Gestalt die Form dieses Motivs (wir haben es bereits in der Rahmenerzählung und dann in der ersten Geschichte der Scheherazade kennengelernt), und zwar verändert sie es so, daß ihre Erfahrung mit dem schwarzen Sklaven sich schließlich umgekehrt verhält zu dem bereits exponierten, dem Leser bekannten Motiv. Die erste Frau Schahrijârs und die Gattin des Greises mit dem Maultier (die in das Maultier verwandelte Dame) haben mit dem schwarzen Sklaven aus freien Stücken geschlafen, weil sie diese Erfahrung wollten, ohne ihren sozialen Status und ihr bisheriges Leben in Frage zu stellen. Weil sie sich zuviel Freiheit herausgenommen hatten, wurden beide bestraft, die eine mit Mord, die andere mit einer Verwandlung, über die sie sich sicher nicht gefreut hat. Der schwarze Sklave Ghadhban (in einem Buch voller Sklaven verschiedener Hautfarben und Schicksale einer der wenigen mit Namen) versucht Abriza zu vergewaltigen und bringt sie aus Wut über seinen Mißerfolg um – und zwar eine betrogene, flüchtige, kurz vor der Niederkunft stehende Abriza.

Ghadhban hat aus berechtigtem Grund einen Namen: das Gute kann anonym bleiben. Wenn wir Gutes tun, verwirklichen wir nur ein Prinzip, das unser Verhalten durchdringt, wir bestätigen, daß der liebe Gott existiert und uns mit Seinen Gaben überhäuft. Aber eine böse Tat kann und darf nicht anonym bleiben, sie zeigt nichts, und außer der Natur ihres Täters wird nichts durch sie offenbart. Daher ist es natürlich, daß auch Abrizas Mörder einen Namen hat – dieser mißratene Räuber und Missetäter, der ein solches Mädchen hat töten und Scheherazade dabei helfen können, ihrem erzählerischen Handwerk und der elementaren Logik der Existenz gerecht zu werden, die Vollkommenheit unter den Menschen nicht erlaubt. Und was war Abriza doch für ein Mädchen!

Ihre zarten Rundungen raubten einem Helden, wie Scharkan einer war, den Atem und ließen seine Glieder weich werden, ihr Atem duftete, ihre Körperformen waren vollendet, ihre Haut war wie Butter, und die Falten am Bauch strömten Moschusgeruch aus. Im Schachspiel war sie unbezwingbar, in der Beredsamkeit unvergleichlich, in der Kenntnis der Wissenschaften unübertroffen, in der Tapferkeit ohnegleichen, und im Sport, z. B. im Ringen, konnte sie ihre Fähigkeiten nicht unter Beweis stellen, weil die Helden bei der bloßen Berührung mit ihr wie Espenlaub zitterten. Und wenn sie sich kleidete und schmückte, wenn sie die Dienerschaft unterwies, wie Häppchen und Getränke zuzubereiten und zu servieren seien, wenn sie nach einem Lied verlangte und zumal, wenn sie selbst nach der Harfe griff, dann vergaßen die Befehlshaber ihr Heer, verzichteten die Prinzen auf den Thron, der auf sie wartete, kamen die Weisen um ihren Verstand und die Narren zu ihm, dann war zum Tode bereit, wer bis dahin vor ihm gezittert hatte. Denn wie kann man sich vor etwas fürchten, und sei es der Tod, wenn diese Schönheit möglich ist – wird etwa Er, der sie in die Welt gesetzt hat, etwas Schreckliches zulassen? Alles, buchstäblich alles freute sich an Abriza, selbst dann, wenn sie die Liebe ihrer Verehrer nicht erwiderte, wovon Scharkan ein Lied hätte singen können.

Die Augen konnten sich nicht satt sehen an ihrem Körper, der so vornehm gekleidet war und durch die Kleidung so wunderbar zur Geltung gebracht wurde, prächtig und geschmackvoll geschmückt, harmonisch, rundlich und natürlich, alles wie es sein mußte und nur sein konnte, wie Sand und Düne in der Wüste. Die Düfte, die sie verströmte, entzückten und betäubten, die Handflächen wußten nicht, ob ihre Haut Seide oder Butter war, die Ohren wußten nicht, ob sie lieber ihre Rede oder ihr Lied hören wollten, ihre Zunge war von der Farbe eines Rubins und von der Form einer Dattel. Ihr Wissen war ein Genuß für den Verstand, ihre Kunst für die Seele, ihre Moralität für die Vernunft, sie selbst das offenbarte Gute für den Geist, für das Wesen der Glücklichen, die ihr begegneten. Sie war ein Genuß für alle Sinne und alle Fähigkeiten der Seele, an ihr erfreuten sich der äußere und der innere Körper, die höheren und niedrigeren Sphären von Geist und Seele, an ihr erfreute sich das, was uns wie die Sinne für die Welt öffnet, und das, was uns wie die Haut vor ihr abschließt und schützt. Sie war nützlich und notwendig, sie war schön und luxuriös. Sie war Mühe und Dasein, aber gleichzeitig war sie der Überfluß, dessentwegen es sich lohnt, das Leben zu ertragen und dazusein.

Abriza ist keineswegs die einzige Frau in *Tausendundeiner Nacht*, über die man all das sagen kann. Man kennt nicht einmal die Zahl all der vom Rauch der Aloe umgebenen, mit

Moschus und Amber parfümierten Schönheiten, die die berühmtesten Weisen ihrer Zeit an Gelehrtheit übertrafen (wie die schöne Teweddud aus der »Geschichte von der Sklavin Teweddud«). Mit ihrer Kunst bedienten, mit ihrer Arbeit nährten und mit ihrer Schönheit entzückten sie die Glücklichen, die mit ihnen zu tun hatten. Jede von ihnen müssen wir mit allen Sinnen und allen Seelenkräften erkennen, wenn wir uns einen Eindruck von ihnen verschaffen wollen, jede von ihnen müssen wir genießen, wie wir einen schönen Garten genießen, um berechtigt sagen zu können, daß wir uns an ihr unendlich gefreut haben. Ich kenne die Behauptung, wonach die Frau und der Garten die einzigen Dinge auf dieser Welt sind, die man so genießen kann und mit dem ganzen Wesen genießen muß, denn sie sind Bilder des Paradiesgartens, Formen der Gegenwart des Paradiesgartens in dieser Welt, physische Formen, die uns helfen, uns eine Vorstellung vom wahren Paradies zu machen. Ich weiß nicht, ob es die einzigen sind, aber ich weiß, daß die Frauen und Gärten echte Bilder des Paradiesgartens sind, in dem uns Huris versprochen sind als eine der schönen Eigenheiten des Paradiesgartens, dem zu gleichen sich die irdischen Gärten vergebens bemühen. Und ich weiß, daß die Frauen und die Gärten sich von den Dingen, die das Erdendasein umgeben und erfüllen, dadurch unterscheiden, daß sie dieses Dasein ermöglichen, weil sie nützlich und fruchtbar, wirklich und nüchtern sind, sie sind Nahrung und Ernährer, aber gleichzeitig Überfluß und Luxus, Schönheit und Schmuck, Entzücken und Rausch. Die Frau und der Garten sind Brot und Spiel, Mühe und Erholung, Existenz und Freiheit in einem (wobei wichtig ist zu erwähnen, daß Brot und Spiel in diesem Fall nichts mit der Geringschätzung dieser wunderschönen und so weiten Verbindung durch Justinian zu tun haben).

Ist das der Grund, warum die übereifrigen »Verteidiger des Glaubens« so oft Probleme mit *Tausendundeiner Nacht* gehabt haben? Ich weiß nicht, ihre Probleme mit Büchern tangieren mich wenig, aber die Probleme dieses Buches mit ihnen tangieren mich sehr, und deshalb wiederhole ich die Frage: haben die selbsternannten »Verteidiger des Glaubens« *Tausendundeine Nacht* verboten und umgestrickt, weil sie im Bild der Frau als Garten eine Sünde, ein eigenartiges Abweichen von der Offenbarung vermutet haben? Der ehrwürdige Koran wie das Neue Testament nennen die Frau nämlich einen Acker, und *Tausendundeine Nacht*, wie immer wir das Buch deuten und auch dann, wenn wir es nicht deuten, sondern in ihm spazierengehen, wie wir es hier gemacht haben, überzeugt uns davon, daß die Frau ein Garten ist. Könnte das einer der Gründe für die Probleme gewesen sein, die *Tausendundeine Nacht* mit den Mächtigen gehabt haben muß? Schon möglich, obwohl es mir nicht wahrscheinlich erscheint: Erstens ist der Garten kein Widerspruch zum Acker und das Bild der Frau in *Tausendundeiner Nacht* demnach auch kein Widerspruch zum Bild der Frau in der Offenbarung. Der Garten setzt den Acker voraus, auch er ist nützlich und nährt, doch beschenkt er uns obendrein mit Freude, Schönheit und Entzücken. Die Offenbarung nennt die Frau einen Acker, weil sie die Existenz ermöglicht, sich also mit dem Leben selbst beschäftigt, während die Ausformungen der Existenz, ihre konkrete Ausgestaltung dem freien Willen des Menschen überlassen bleibt. Von Gott hast du den Acker, doch du, wenn du der Rechte bist, mach einen Garten daraus, würden unsere Alten sagen. Zweitens scheint es mir nicht wahrscheinlich, weil *Tausendundeine Nacht* zeigt, daß die Frau wie ein Garten, daß sie ein Garten ist, und das bedeutet, daß sie auch durch die Offenbarung gesegnet und versprochen ist, weil – vergessen wir es nicht – der Garten das ist, was uns angeboten und versprochen ist, das, wovon wir träumen und wonach wir streben müßten.

So kehren wir, wie auch das Buch, über das wir sprechen, am Ende zum Anfang zurück: Scheherazade hat ihrem unglücklichen Gefährten tausend Nächte und eine Nacht lang erzählt und ihm beigebracht, was und wer die Frau ist, sie hat ihm gezeigt, wie man eine Frau liebt und genießt, sie hat ihm geholfen, die Welt zu akzeptieren, in der die Frau ein Teil der Belohnung ist, die den besten versprochen ist. Dadurch hat sie ihn im Geist, auf der Ebene des Sinns eigentlich in einen Garten geführt, weil sie ihm gezeigt hat, daß sich Frau und Garten als Sinnpositionen überlagern. Und im Garten hat alles begonnen, im Garten hat sich Schahrijârs erste Frau mit dem schwarzen Sklaven vergnügt, im Garten hat er, Schahrijâr, Angst vor der Frau und der Welt bekommen, im Garten hat er begriffen, daß er beide abwehren mußte. Wie ist diese Rückkehr in den Garten, an den Anfang zu verstehen? Als Zeichen, daß ihn die Erkenntnis von dem Trauma befreit hat, das er damals in jenem Garten und mit jener Frau erlebt hat? Als Lehre, daß uns Wissen von der Angst befreit und Erkenntnis Vergnügen bereitet (hat er nicht gerade durch das Erkennen die Frauen akzeptiert)? Als Behauptung, daß er, dieser jetzige Schahrijâr, keine Mädchen mehr umbringen wird (das hat er auch seiner zweiten Frau Scheherazade versprochen) und er so, wie er jetzt ist, auch nicht jene Frau umbringen würde, derentwegen alles angefangen hat?

Ich weiß nicht, wahrscheinlich würde er sie nicht umbringen, doch ich bin mir nicht sicher. Der Ärmste hat eine ausgesprochen mechanische Phantasie, er versteht alles wörtlich (so hat er auch verstanden, daß »meine Frau« wörtlicher Besitz bedeutet). Er könnte auch die Äußerung, wonach die Frau und der Garten auf der Sinnebene miteinander korrespondieren, sich fast überlagern, wörtlich verstehen und glauben, daß die Begegnung der Frau mit dem schwarzen Sklaven im Garten schlicht eine Tautologie ist, Goldstickerei auf Goldgrund, wie Lessing sagen würde. Und dann müßte er sie aufs neue umbringen, denn ein Mann, der durch die Schule Scheherazades gegangen ist, muß die Tautologie schlicht als Beleidigung empfinden. Also wieder Mord und wieder alles, wie wir es schon einmal hatten oder so ähnlich? Sei es, wie es sein muß, und Ruhm sei Dem, dem niemand ähnlich ist.

Durch verborgene Gärten
Skizze über das esoterische Erbe

*So sind alle Wesen durch den Willen
des Zufalls mit Bewußtsein begabt.*

Empedokles von Akragas

1

Bei fast durchsichtigem Himmel betrachten die alten Männer
von Troja Helena, die zu ihrem Spaziergang vor Sonnenuntergang aufgebrochen ist. Sie alle haben bereits die Unbilden
des Krieges zu spüren bekommen, sie alle wissen, daß sie für
die Hingerissenheit des Paris noch bezahlen werden. Wie oft
haben sie sich gewünscht, sie hätten nie von der achäischen
Schönheit und am besten auch nie von Paris gehört, doch nun,
in der Dämmerung an wer weiß welchem Tag in wer weiß welchem Jahr des Trojanischen Krieges, spüren sie, während sie
die Ursache des Krieges bei ihrem Spaziergang betrachten, daß
sie Paris hätten verstehen und rechtfertigen können, sie sind
sogar bereit, ihm recht zu geben, denn was sie beim Anblick
der Helena sehen und was sie empfinden, schließt allzu praktische Erwägungen, wie sie die Vernunft zu formulieren vermag,
schlicht aus. »Das praktische Denken« verflucht natürlich auch
weiterhin die Ankunft der Helena in Troja, weil die Folgen dieser Ankunft alltäglich, konkret und nicht zu vernachlässigen
sind, doch in diesem Augenblick – während sie ihr zuschauen
– regt sich etwas in ihnen, was ihr verzeiht und die verhängnis-
volle Liebe des Paris fast segnen will, die ihnen diesen Anblick
beschert hat. Was hat sich in ihnen geregt? Welcher Teil ihres
Wesens bringt Paris und seinem Verhalten Verständnis entgegen? Was in ihnen preist Helena und freut sich über ihre
Ankunft in Troja, auch wenn diese Ankunft vom Krieg eskor-
tiert wurde? Körperliches Verlangen kann man mit ziemlicher
Sicherheit ausschließen. Es sind ja alte Männer. Ebenso den
Wunsch nach Heldentaten, Abenteuern, ungewöhnlichen
Erfahrungen. Es sind ja erfahrene Männer, und auch wenn sie
nicht erfahren sind, so sind sie müde und haben sich damit

abgefunden, die Heldentaten, die ihnen auf dieser Welt beschieden sind, bereits vollbracht zu haben. Vernunft ist es schon gar nicht, denn die Vernunft muß sich gegen alles, was hier zusammengekommen ist (übermäßige Schönheit und übergroße Liebe, die Entführung einer fremden Frau und Krieg), geradezu auflehnen. Und es sind dies alte Männer, überaus vernünftige Leute.

Also ist es kein äußerer Impuls, der sie so bewegt hat, weder Begierde noch Verlangen, weder Vernunft noch Gefühl, keines jener Momente des menschlichen Wesens, die man benennen und rational bestimmen kann. Aber etwas muß es doch sein, und dieses Etwas ist in ihnen, ein Teil ihres Wesens, denn sie empfinden Anmut und Schönheit, sie spüren, daß ihre Verurteilung dahingeschwunden ist, wie der Kummer eines Kindes dahinschwindet, und es ist ihnen beinahe lieb, daß Helena da ist und sie sie betrachten können.

Ich bin fast sicher, daß diese Stelle bei Homer den Dichter Stesichoros dazu veranlaßt hat, seine Palinodie über Helena zu schreiben. Er hatte zuerst einen Hymnus geschrieben, der sich an die mythische Überlieferung hält und Helena verurteilt, ihr die Schuld am Trojanischen Krieg gibt und ihre Liebe zu Paris verdammt. Aber dann schrieb er seine Palinodie (seinen »Widerruf« oder »Gegengesang«), in dem er inbrünstig sowohl von der Überlieferung als auch von seinem Hymnus abrückt: »Nein, das ist nicht die Wahrheit, du hast nicht das mit Rudern gut ausgerüstete Schiff bestiegen und hast nicht den Weg zu Trojas Mauern genommen.« Der Palinodie zufolge ist in Troja »das Scheinbild der Helena« aufgetaucht, ihr Trugbild, für welches Stesichoros das Wort eidolon verwendet, und dies bedeutet nichts anderes, als daß die alten Trojaner in der Szene, von der wir ausgegangen sind, keinen Körper sehen, sondern ein Trugbild, eine Erscheinung, ein körperloses Wesen, das die Gestalt und die Schönheit, das alle Eigenschaften der realen Helena besitzt. Sie betrachten dieses körperlose Wesen und verzeihen Helena, während sie, die reale Helena, in diesem Augenblick im fernen Sparta womöglich Penelope beneidet, weil diese zu weben versteht und sich die langen Jahre des Wartens zu verkürzen weiß.

Diese Lösung, die einem heutigen rationalistischen Leser wie ein »allzu origineller« Einfall vorkommen mag, war durch die griechische Tradition, nicht nur die mythische, sondern auch die literarische, vielleicht sogar durch die philosophische Tradition inspiriert. Mit *eidola* hatte Homers Odysseus zu tun, als er sie durch ein Opfer aus dem Hades ans Ufer rief, mit *eidola* hatte auch Orpheus zu tun, und mit *eidola* befassen sollten sich nach Stesichoros in der Folge der Dionysos in Aristophanes' *Fröschen*, Platons Sokrates in etlichen Schriften, dann eine lange, buchstäblich nicht zu überblickende Reihe von christlichen Autoren und ihren Gestalten, angefangen bei den Gnostikern über den irischen Ritter Tundal, der im Traum die Hölle besucht, bis zu Dante und seiner Reise durch das Jenseits. Unter den Gnostikern in der Frühzeit des Christentums mag Simon Magus besonders interessant sein, dem sich Klemens von Rom in den *Recognitiones* und Justinus in seiner *Apologie* mit ausgesprochener Abneigung widmen, weil er, wie es heißt, auch mit Helena zu tun hatte, jener Helena von Stesichoros und Homer, die nach ihrer Ehe mit Menelaos und ihrer Liebe zu Paris schließlich zu einem Weib mit unsittlichem Lebenswandel heruntergekommen war. Der »Einfall« des Stesichoros ist also nur ein Glied in der langen Kette einer Tradition, die sich mit den *eidola* befaßt.

Eidolon ist Abbild, Bild, Schatten, Erscheinung, ein immaterieller (scheinbarer) Körper, ganz von der Gestalt dessen, dem er ähneln soll; *eidolon kamonton* sind die Bewohner der Unterwelt, die Schatten der Verstorbenen, Wesen ohne materiellen Körper, die alle Eigenschaften aus dem Leben in dieser Welt beibehalten haben, so daß sie aussehen, fühlen und denken wie die Menschen ausgesehen, gefühlt und gedacht haben, in denen diese *eidola* wohnten. Geradeso wie es sich mit den Seelen in der christlichen Tradition verhält, was nicht der einzige Grund für die Gleichsetzung der Begriffe *eidolon* und Seele ist.

Der Unterschied zwischen dem *eidolon* und dem »vollständigen«, körperlichen Menschen kostete Orpheus das Glück in dieser Welt und ließ sein heroisches, fast göttliches Unterfangen scheitern. Die Rede ist von seinem Abstieg in den Hades, um Eurydike abzuholen, wobei er sich fatalerweise umdrehte: ohne bedacht zu haben, daß das *eidolon kamonton* wie jedes beliebige andere *eidolon* im Licht dieser Welt keinen Schatten wirft (auch in keinem anderen Licht, da die *eidola* Feuerwesen sind, wie wir später vom Hermetismus lernen werden), drehte Orpheus sich um, weil er, als sie sich dem Ausgang der Unterwelt näherten, nur seinen eigenen Schatten sah. So verlor er Eurydike, derentwegen er hinabgestiegen war, und so bewies er mit seinem großartigen Unterfangen seine fehlende Vertrautheit mit den Formen des Seins und ihren Unterschieden. Die besondere Ironie in der Geschichte vom Versäumnis des Orpheus liegt darin, daß er Musiker ist, also jemand, der sich beruflich mit der Harmonie beschäftigt, will sagen, mit etwas, das von der Seinsweise und seinen Eigenschaften her den *eidola* sehr nahekommt. Daß diese Ironie nicht verborgen bliebe – dafür sorgte Pythagoras, der große Deuter der Harmonie und Eingeweihte des orphischen Kultes, indem er nachwies, daß die Harmonie gewissermaßen das *eidolon* klingender Körper ist.

Die Pythagoreer, die Anhänger des orphischen Kultes, glaubten, daß Dionysos Zagreus (eine Gestalt, die sich zu Orpheus symmetrisch verhält, insofern auch Dionysos zerrissen wurde wie Orpheus in Thrakien) sein Aussehen veränderte, bevor ihn die Titanen fangen und zerstückeln sollten, und sich in einen Bock, einen Löwen, ein Pferd, eine gehörnte Schlange und einen Tiger verwandelte, um dann in Gestalt eines Stiers zugrunde zu gehen. Dennoch blieb er die ganze Zeit über Dionysos Zagreus, da in all diesen Gestalten das unveränderte *eidolon* des Dionysos Zagreus wohnte. Die Identität blieb dieselbe, ungeachtet der körperlichen Gestalt, weil das *eidolon* dasselbe blieb. Geradeso wie Eurydike Eurydike geblieben ist, wie Helena bei Stesichoros Helena geblieben ist, obwohl ihr Körper in Sparta war. Die Identität einer Person, ihre wahre, wiedererkennbare Natur liegt im *eidolon* und nicht im flüchtigen, veränderlichen und vergänglichen Körper. Denn die Identität ist untrennbar mit dem Namen verbunden, also mit Sprache, also mit Sinn, mit etwas, was zeitlich, nicht aber körperlich ist, etwas, das zwar von dieser Welt, jener anderen aber mit einer seiner Seiten zugewandt ist. Daher hat Stesichoros Helena in seiner Palinodie auch nicht von ihrer Verantwortung für den Trojanischen Krieg entbunden. Wenn in Troja ihr *eidolon* erschien, so erschien auch ihre Schönheit, ihre bezaubernde Wirkung auf die Männer und damit auch die Ursache des Krieges. Daher erkennt Orpheus im Hades seine Frau Eurydike wieder, daher erinnert sich der größte Orphiker Pythagoras an seine früheren Inkarnationen, und daher weiß Empedokles, daß er »ein Junge, ein Mädchen und ein Vogel und schließlich ein stummer Fisch, der aus dem Meer springt«, gewesen ist.

Im zehnten Buch von Platons *Staat* erklärt uns Er, der Sohn des Armenios, gebürtig aus Pamphylien, warum das so ist. Im zehntägigen Todesschlaf weilte Er in den Gefilden der Seligen, wo über die Seelen (*eidola*) gerichtet wird und wohin diese zurückkehren, nachdem sie tausend Jahre lang die Belohnung im Himmel oder die Strafe im Tartaros ausgekostet haben. Nach der Rückkehr aus dem Himmel oder aus der Unterwelt wählen die Seelen ihre künftigen Leben, Körper und Schicksale, die sie bei ihrem nächsten Aufenthalt in dieser Welt bewohnen werden; nach der Wahl trinken die Seelen von der Quelle des Vergessens, wahrscheinlich deshalb, damit sie weder ihre vorherige Inkarnation noch die Belohnung, die sie für die in ihr vollbrachten Taten ausgekostet haben, im Gedächtnis behalten. So begegnet die Seele bei ihrem neuen Aufenthalt in dieser Welt allem wie zum ersten Mal, doch ihre wahre Natur bleibt in die Identität des neuen Menschen eingeschrieben wie ein Code, der sein Schicksal, seinen Charakter und alle seine Handlungen bestimmt.

Diese Erklärung impliziert eine ältere und ursprünglichere (dem Anfang nähere), eine vom orphischen Kult (aus dem Platon, einer Überlieferung zufolge, ausgeschlossen wurde, weil er Uneingeweihten die Geheimnisse des Kultes verraten hatte) nahegelegte Erklärung. Nach der orphischen Anthropogenesis zerrissen die Titanen Dionysos Zagreus und aßen ihn, doch Zeus ließ sie zur Strafe von einem Blitz verbrennen und schuf aus ihrer Asche die Menschen. Deshalb sind die Menschen im Materiellen gefangen, vergänglich und böse, doch haben sie in sich etwas Ewiges und Wirkliches, Unvergängliches und Gutes, etwas vom göttlichen Wesen. Sie haben in sich das, was auch in der Asche war, aus der sie erschaffen wurden: den Leib und das Blut des von den Titanen aufgefressenen Dionysos Zagreus. Dieses Ewige und Substantielle ist der höchste Wert in einem Menschen, seine wirklichste Wirklichkeit. Alles Materielle, Sichtbare, Äußere wird zu einem nebensächlichen Merkmal, während seine wahrhaftige Wirklichkeit in sein Inneres wandert.

Da der Mensch die Welt vor allem so erlebt, wie er sich selbst erlebt, da er also in der Regel sich selbst durch die Welt und die Welt durch sich selbst erklärt, ist klar, wie wenig es bedurfte, damit sich das orphische Bild des Menschen auf die ganze Welt übertrug und sich zu dem wohl geordneten System Platons entwickelte, in dem alles Sichtbare und Äußerliche lediglich die Manifestation des Unsichtbaren und Inneren ist. Die Welt als Schachtel in der Schachtel, als Matrjoschkasystem, als eine Reihe von Kugeln in größeren Kugeln. »Der Nous ist in der Psyche, und diese ist im Soma«, sagt Platon. Dabei sind der Wirklichkeitsgrad und das Wertmaß um so höher, je tiefer innen etwas ist. Das Maß des Wertes und der Wirklichkeit verhält sich proportional zum Maß des Inneren, so ist der Nous wirklicher und mehr wert als die Psyche, während diese wirklicher und mehr wert ist als das Soma. Daher hatte Pythagoras äußere Schüler (Akusmatiker), die mit den geringeren Formen des Wissens vertraut waren, und Mathematiker, innere Schüler, die das wesentliche Wissen erlangten und sich damit den Mysterien weihten. Daher sagt Platon, daß man das Wissen über das Äußere durch die *doxa*, die geringste Begabung des Verstandes, erlangt, während für das Wissen über das Innere die *episteme* notwendig ist. Muß man daran erinnern, daß die Akusmatiker (*akusma* – das Gehörte, die Lehre, die man gehört hat, die Erzählung) diejenigen sind, die die Lehre lediglich gehört, das Wissen nur mit ihren Sinnesorganen aufgenommen haben, so daß es »außen« geblieben ist, während die Mathematiker (*mathema* – das Gelernte, die Erkenntnis; *mathematikos* – der der Mathematik und Astronomie zugehört, Mathematiker und Sternenkundler) diejenigen sind, die sich das Wissen angeeignet, »verinnerlicht« haben?

Sämtliche bis jetzt erwähnten »Fälle«, von der Helena des Stesichoros bis hin zur Einteilung der Schüler des Pythagoras und Platons Klassifizierung des Wissens, eint die Überzeugung, daß die grundlegende Einteilung der Welt die in außen und innen ist. Alle anderen Einteilungen, alle binären Oppositionen, mit denen man sich die Welt zu ordnen und zu organisieren bemüht, von den räumlichen Einteilungen in links und rechts, oben und unten, über die zeitlichen in Augenblick und Ewigkeit oder vergangen und zukünftig bis hin zu den »technologischen«, wie etwa die strukturalistische Opposition gebraten und gekocht, sind nur abgeleitet, sind nur »sichtbare Manifestationen« jener grundlegenden Einteilung. Diese ursprüngliche Intuition, daß alle Tatsachen der Welt nach dem Kriterium außen und innen einzuteilen sind, wobei in der Regel das Innere einen höheren Wert- und Wirklichkeitsgrad anzeigt, ist die Grundbestimmung der Esoterik. Ein Esoteriker im weitesten Sinne des Wortes ist ein Mensch, der fühlt, denkt und sagt (letzteres ist nicht oligatorisch), daß alles, was existiert, eine äußere und innere Seite hat und daß die volle und wahrhaftige Wirklichkeit dessen, was existiert, einzig von innen zugänglich ist. Was man von außen sehen und erkennen kann, ist eine geringere Form der Wirklichkeit des betrachteten Wesens, während seine volle Wirklichkeit und Wahrheit nur kennen kann, wer es von innen betrachtet und das Innere, Unveränderliche und Ewige geschaut hat. In diesem weitesten Sinne des Wortes kann man Esoteriker sein, ohne es zu wissen; die Menschen werden, sagt Borges, als Platoniker oder Aristoteliker geboren, ob sie es wissen oder nicht, was unter anderem bedeutet, daß sie als Esoteriker oder als Exoteriker geboren werden. Ich glaube, daß auch die wahren, »sich ihrer selbst bewußt gewordenen« Esoteriker nicht viel gegen diese Auffassung einzuwenden hätten, aber sie würden den Unterschied hervorheben zwischen einem Menschen, der mit seinem Körper übereinstimmt, und einem, der sein Inneres so kennengelernt hat, daß er, nach den Worten des heiligen Paulus, »in sich wohnt«. Mag es vielleicht auch keinen Artunterschied zwischen ihnen geben, wie die wahren Esoteriker sagen würden, so wird doch der graduelle Unterschied unermeßlich sein.

2

Wenn von Esoterik die Rede ist, denkt man natürlich nicht an ein Weltempfinden, das jeder von uns in Anspruch nehmen könnte, sondern an die »wahren Esoteriker«, also an Menschen, die sich dieses Empfinden bewußt gemacht und es auf irgendeine Art zum Ausdruck gebracht haben. Strenggenommen könnte man diesen Begriff noch enger fassen und ihn auf diejenigen eingrenzen, die ihre esoterische Welterfahrung in einem Text (oder in der mündlichen, von jemandem aufgezeichneten Unterweisung) ausgedrückt haben und damit zum Textkorpus der *esoterica* beigetragen haben. Das Wort *esoterica*, das die Gesamtheit der esoterischen Forschungen und Lehren, Schriften, Werke und Materialien, Personen, Motive, Symbole und Ideen bezeichnen sollte, all das also, was das »esoterische Korpus« als verborgener schöner Garten des inneren Wissens ausmacht, stammt von Klemens von Alexandria. Er hat es als erster in dieser Bedeutung verwendet (in der Schrift *Stromata* aus dem Jahre 208), allerdings aufgrund eines Mißverständnisses. Er wollte damit eine Unterscheidung vornehmen zwischen dem Korpus der Aristotelischen Schriften, die von dessen Schülern aufgezeichnet worden waren, und dem Korpus der Schriften, die Aristo-

teles selbst als exoterisch (*exoterica*) bezeichnet hatte und die
die Rhetorik, die Politik und andere »öffentliche«, äußere
Disziplinen umfassen. In der Annahme, daß die dank der
Aufzeichnungen von Schülern erhaltenen Schriften im Unter-
richt für Eingeweihte, den Vorlesungen für Mitglieder eines
Kultes, mitgeschrieben wurden, hat Klemens von Alexandria
das ganze Korpus dieser Schriften als *esoterica* bezeichnet. Es
handelt sich natürlich keineswegs um einen Kult und Eingeweihte, sondern um Aristoteles und seine Schüler, die in
den Vorlesungen mitgeschrieben und uns auf diese Weise
Werke wie die *Poetik* erhalten haben. So kam man durch einen
Irrtum zu diesem Terminus, und durch diesen Irrtum lebte
die Ironie fort, die mit der Esoterik verbunden ist, seit sich
Orpheus am Ausgang des Hades umgedreht hat. Sicher ist,
daß Klemens von Alexandria kein Spiel der Ironie initiieren
wollte, als er im Zusammenhang mit Aristoteles den Terminus
esoterica prägte, noch sicherer aber ist, daß dieses Spiel der
Ironie nicht ohne Impuls von innen, aus dem innersten Innern
der Sache selbst hätte initiiert werden können. Im übrigen
wird diese erhabene Ironie dadurch hinreichend deutlich, daß
wir alles, was wir über die »wahre Esoterik« wissen, Menschen zu verdanken haben, die keine »wahren Esoteriker«
gewesen sind. Ihren innersten Kreis, ihre Beschränkung auf
die Eingeweihten, verteidigen die esoterischen Lehren nämlich mit der *disciplina arkane*, einer Regel, die Schweigen vor
Uneingeweihten vorschreibt, weil eine Enthüllung der Geheimnisse der Lehre gegenüber »Außenstehenden« eine
Schmähung der »großen Götter Anu, Enlil und Enki« wäre.
Einer Überlieferung zufolge haben die Orphiker Platon aus
dem Kult ausgeschlossen, weil er Uneingeweihten Elemente
der Lehre entdeckt hatte, fast sicher aber hat der islamische
Esoteriker al-Dschunaid Bagdadi den Mystiker al-Halladsch

aus dem Kreise seiner Schüler ausgeschlossen, weil dieser aus »der esoterischen Lehre eine Belustigung für den Pöbel gemacht hatte«. Im Herzen des Esoterischen hat sich also die Ironie eingenistet, die sich in der Tatsache manifestiert, daß die Lehre »nach außen dringen« muß, damit man Zugang zu ihr bekommt, um dann »nach innen dringen zu können«. Vielleicht handelt es sich hier auch weniger um die mir so liebe Ironie, als um Probleme, die von der menschlichen Natur herrühren, aber es ist sicher, daß sich die Esoterik, während sie in dieser Welt verweilt, mitten im Zentrum des Paradoxes niederläßt: will sie nach innen gelangen, muß sie nach außen dringen. Dieses Paradox evoziert das des Platon, dem zufolge die Seele »eine Bewegung (ist), die sich selbst in Bewegung gesetzt hat«, und das, wie jedes andere Paradox, Ironie erzeugt.

Die im Allerinnersten der Esoterik nistende Ironie zeigt sich auch daran, daß die Grenzen des mit dem Terminus *esoterica* bezeichneten Korpus ziemlich klar sind, was bedeutet, daß man seine äußere »Form« ziemlich zuverlässig sehen und bestimmen kann. Wie undeutlich, unzuverlässig und relativ die Grenzen innerhalb des *Corpus esotericum* auch immer sind, so rein, sichtbar und fest sind seine äußeren Grenzen, die es von allem, was exoterisch ist, trennen. Wie wenig ausdifferenziert sie auch in sich selbst sein mag, wie unklar »sich selbst gegenüber« und ohne jedes Bedürfnis nach Form – nach außen hin ist die Esoterik klar und differenziert, von reiner Form und abgegrenzt gegenüber allem, was nicht sie selbst ist.

Deshalb sind alle Distinktionen innerhalb des Esoterischen relativ und von nur bedingter Geltung, während man mit ziemlicher Zuverlässigkeit von der Kontinuität des Esoterischen und seiner Grenze zum Exoterischen sprechen kann. So beruhen Einteilungen in eine griechische und hellenistische, babylonische und ägyptische, islamische und mittelalterlich-europäische Esoterik viel stärker auf geographisch-historiographischen als auf inneren Kriterien, eher auf äußeren Kriterien der Klassifizierung als auf inneren Eigenarten der Lehren. Für die Esoterik ist ein hoher Grad an Synkretismus charakteristisch, so daß alle Klassifizierungen innerhalb des Korpus in hohem Maße willkürlich oder zumindest aufgezwungen sind; auf der Suche nach dem Allerinnersten lösen sich die geographischen und zeitlichen Unterschiede naturgemäß auf. Dabei ist die historische Kontinuität der Esoterik offensichtlich und praktisch unabhängig von geographischen Gegebenheiten.

Es gibt gute Gründe, vom ägyptischen und babylonischen Ursprung der griechischen Esoterik zu sprechen, die mit den Orphikern und anderen Geheimkulten beginnt und sich bereits im sechsten Jahrhundert vor unserer Zeit in Texten artikuliert (was der am Anfang dieses Textes angeführte Stesichoros hinreichend bezeugt). Für diese Vermutung spricht eine Reihe von inneren und äußeren Gründen. Zu den äußeren Gründen gehören das Alter der ägyptischen und sumerischen Kultur, der die Griechen viel Wissen – und warum dann nicht auch die esoterische Disziplin – zu verdanken haben; die intensive Kommunikation der griechischen Kultur mit benachbarten Kulturen, die unüberprüfbaren, aber unendlich aufschlußreichen Geschichten über die Reisen griechischer Weisen, namentlich des wichtigsten Esoterikers Pythagoras, nach Ägypten und in den Osten. Innere Gründe sind die menschliche, allzu menschliche Natur der griechischen Götter, die ihren Blick nicht gerade inbrünstig nach innen wenden; die Tatsache, daß es in der Homerischen Tradition nicht die Spur von Synkretismus oder sonst einem »esoterischen Impuls« gibt; die fremde Herkunft aller orgiastischen und synkretistischen Kulte, Symbole und Lehren, die man in der klassischen Epoche der griechischen Kultur antrifft; die offensichtliche Korrespondenz von Symbolen, Gestalten und Lehren der griechischen Esoterik mit Äquivalenten der ägyptischen und babylonischen.

Die esoterische Linie der ägyptischen Kultur läßt sich in der memphitischen Version des Mythos von der Entstehung der Welt und der Götter erkennen, in der sich Ptah alle anderen Gottheiten »in seinem Herzen vorstellt«: er erschafft sie nicht, er spricht sie nicht aus, wie es, viel später, Jahwe tut, er muß sie nicht ausspucken oder erbrechen wie sein Vorgänger Ra – er stellt sie sich in seinem Herzen vor, tief in seinem Innern, und das genügt, damit etwas entsteht. Und in einer Hymne an Thoth sieht der Anbetende jenen als eine sechs Ellen hohe Palme, die Nüsse und einen Kern in der Nuß und Wasser im Kern trägt. Muß man daran erinnern, daß die Nuß eines der populärsten esoterischen Symbole der islamischen Mystik ist und bis heute ungeachtet von Zeit und Raum das zentrale esoterische Symbol geblieben ist? Jeder Esoteriker von Ptah bis heute will zu dem Wasser vordringen, das im Kern der Nuß verborgen ist – egal, ob er Grieche oder Babylonier, Christ oder Muslim, Gnostiker oder Atomphysiker ist.

Die offensichtlichen und überaus sprechenden Korrespondenzen wichtiger Vorstellungen der griechischen Esoterik mit Vorstellungen der esoterischen Linie in der babylonischen Kultur manifestieren sich in der fast identischen Vorstellung von der Entstehung des Menschen. Die Orphiker glaubten, der Mensch sei aus der Asche der verbrannten Titanen, die zuvor Dionysos Zagreus gegessen hatten, erschaffen worden, und im babylonischen »Atrachasis-Mythos« beschließt Enki, Menschen aus Lehm, vermischt mit dem Blut eines Gottes, zu machen. Was hätten die Pythagoreer zum Rhythmus dieser

Opferungen gesagt, die Enki für den ersten, siebten und fünf-
zehnten des Monats vorgesehen hatte?

Die äußeren und inneren Beziehungen der griechischen
Esoterik zur ägyptischen und babylonischen sind so zahlreich
und wichtig, daß sie auch ein weit besser informierter Autor
nicht aufzählen und herausarbeiten könnte. Eine solche Arbeit
wäre allerdings auch nicht einmal von besonderer Bedeutung,
weil es in der Natur der Esoterik liegt, Korrespondenzen,
Analogien und Symmetrien (also verschiedene Formen esoterischer Beziehungen) auch dann herzustellen, wenn es zwischen den Dingen, die sie verbinden, äußerlich gesehen gar
keine Berührungspunkte gibt. Das Innere und seine Erforschung, lehren uns die Esoteriker, verändern sich nicht,
wenn sich die Landschaft oder der Augenblick verändern; das
Innere ist substantiell dank seiner Beständigkeit und Unver-
änderlichkeit, seiner Unabhängigkeit vom Sichtbaren.

Die Esoterica kehrt in hellenistischer und frühchristlicher
Zeit in ihren »Herkunftsraum« zurück, den sie im Grunde nie
verlassen hat. Die »Rückkehr« wird erwähnt, weil der ägyptische und nahöstliche Raum aufs neue die wichtigsten
Stützpunkte und produktivsten Orte esoterischer Studien wer-
den. Auch die Beziehungen zwischen dem griechischen
Kulturkreis und den traditionellen Kulturen dieser Gegend treten zutage. In dieser Periode zeigt sich deutlich, wie »einheit-
lich« die Esoterik ist, wie gleichgültig es für diese Art Wissen
und Rede ist, ob sie sich in der sumerischen oder babylonischen
Ära Mesopotamiens, der memphitischen oder hellenistischen
Ära Ägyptens, der klassischen oder hellenistischen Ära
Griechenlands, dem mittelalterlichen oder rationalistischen
Europa äußern. Zwischen all diesen esoterischen Richtungen
gibt es wichtige, ja sogar grundlegende Korrespondenzen, die
viel bedeutungsvoller und klarer als alle sichtbaren und

unsichtbaren Unterschiede sind, Korrespondenzen, die auf den Text und die Erfahrung der Welt, auf die vom Text dargebotene Vorstellung vom Menschen und auf die Ausdrucksmittel der Gedanken einen entscheidenderen und stärkeren Einfluß ausüben als alle Unterschiede zwischen den Epochen und Kulturkreisen, in denen esoterische Lehren auftauchen.

Die inneren Affinitäten, durch die sich die »esoterischen Richtungen« über die sie trennenden Jahrhunderte und Meere hinweg evozieren, kann man sehr schön am Beispiel des Hermetismus sehen, einem der wichtigsten Segmente der Esoterik in der hellenistischen Periode (etwa vom 3. Jahrhundert vor bis zum 3. Jahrhundert nach der Zeitenwende). Im Zentrum des Hermetismus stehen Hermes und Thoth, ein griechischer und ein ägyptischer Gott, als ein Symbol und eine durch ein umfassendes System von Bedeutungen bestimmte Person. Die gegenseitige Durchdringung und Ergänzung von Hermes und Thoth basiert auf den gemeinsamen Funktionen und auf einer Reihe zweifellos verwandter Bedeutungen; beide führen sie die Seelen der Verstorbenen ins Jenseits, und beide sind sie Götterboten, was bedeutet, daß beide das Äußere und Innere, diese und jene Welt, das Unsichtbare und Sichtbare verbinden; Hermes fertigte die erste Lyra an und spielte als erster darauf (sogar Apoll hat er darin unterrichtet), und Thoth ist Wortschöpfer, was bedeutet, daß sie die Harmonie und die Bedeutung aus der Abwesenheit in das Gegenwärtige gerufen, aus der Unsichtbarkeit und Unhörbarkeit in das Sichtbare und Hörbare überführt, von innen nach außen gebracht haben. Beide sind also Vermittler zwischen dem Äußeren und Inneren, sie sind die Verbindung zwischen Sinn und Leib.

Der Hermetismus ist keine Doktrin, die einen Glauben und bestimmte Verhaltensweisen »vorschriebe«, in denen sich dieser Glaube manifestierte (Doktrinen diesen Typs kommen in der Esoterik kaum vor), sondern er ist vor allem Erforschung der Welt, Suche nach verborgenen Symmetrien, Analogien und Affinitäten in der sichtbaren Welt. Das grundlegende Interesse des Hermetismus gilt den geheimen Mächten der Welt (mit sichtbaren Mächten und Dingen kann sich auch eine flache Wissenschaft beschäftigen, die nicht in die Tiefe, sondern nur auf das Äußerliche sieht), denn jeder wirklichen Forschung geht es um die »Wirklichkeit in ihrer Tiefe«, um die hinter dem Sichtbaren verborgene Wahrheit. Daher konstruiert der Hermetismus ein ganzes Netz von Sympathien und Antipathien (von auf geheimen, unsichtbaren und unmerklichen Energien beruhenden Anziehungen und Abstoßungen, Affinitäten und Gegensätzen), die die sichtbare Natur vor dem uneingeweihten Auge verbirgt. Auf diese Sympathien gründen sich Ketten von Wesen, die einen Stern, einen Engel, eine Pflanze, ein Mineral, einen Charakter nebeneinander aufreihen – Wesen, die sich auf Grund innerer Affinitäten anziehen, so daß sie untereinander austauschbar sind, einander zumindest metaphorisch assoziieren. Deshalb ist das *Corpus Hermeticum* im strengen Sinn gar kein *corpus doctrinae*, sondern eine Sammlung von Texten unterschiedlichen Inhalts, denen gemeinsam ist, daß sie die geheimen Mächte, aus denen die Sympathien der Welt hervorgehen (vielleicht wie die Liebe und der Haß des Empedokles von Akragas), erhellen und daß sie Hermes Trismegistos, dem Erfinder aller Künste, Schriften und Reden, zugeschrieben werden.

Vielleicht wegen der fehlenden Doktrin, sicher aber wegen des allen esoterischen Richtungen eigenen Synkretismus konnte der Hermetismus die ägyptische und griechische Tradition versöhnen und zum Erbe aller späteren esoterischen Richtungen werden. Im Hermetismus begegneten und verstanden sich selbst Kulturen gut, die sich in vielen anderen Bereichen bekämpften, wie etwa die katholische und islamische Kultur im Mittelalter. Ist es möglich, im Zusammenhang mit den Ketten der Wesen nicht an das Da'wah der islamischen Esoteriker zu denken, die Tabellen von Korrespondenzen erstellten (genauer wäre, von Sympathien, Sinn- oder Geistesenergien zu sprechen, über die sich die Wesen anziehen und in einem Paradigma versammeln), auf deren Grundlage ein Wort und sein Zahlenwert, einer der Namen Gottes, die Zahl dieses Namens in der unendlichen Reihe der Gottesnamen, seine Bedeutung, die aus ihm hervorgehende Eigenschaft, ein Sternzeichen, ein Planet, ein Dschinn (Dämon, Genius), ein *melek* (Engel), ein Geruch etc. sich in einem Paradigma versammeln? Und ist es möglich, bei diesen Tabellen von Korrespondenzen nicht die kabbalistischen esoterischen Theorien zu assoziieren, die auf graphischen und grammatischen Analogien basieren?

Ähnlich der »Sinn«kontinuität, auf deren Grundlage sich in Raum und Zeit unendlich weit voneinander entfernte esoterische Bewegungen evozieren und gegenseitig durchdringen, gibt es in der Esoterik auch eine historische Kontinuität. Wann immer esoterische Lehren in einem Teil der Welt unter »äußerem« Druck des Exoterischen erloschen oder sich verbargen, tauchten sie in einem anderen auf, und zwar völlig natürlich und logisch, als knüpften sie schlicht an die eben verbotene Lehre an. So tauchten die initialen Schulen der islamischen Esoterik (die mit dem Namen von Hasan Basri verbundene in Basra und die mit dem Namen Rabi'a ibn Haitham verbundene in Kufa) in einer historischen Phase auf, als die esoterischen Richtungen im ehemaligen hellenistischen Raum von der perfekten Organisation der christlichen Kirche, die stark genug war, um der Welt ein »einzig wahres« Denken und Erleben aufzuzwingen, in die Unsichtbarkeit abgedrängt wurden. Der

Islam beerbt nicht nur die ihm unmittelbar vorangehenden esoterischen Richtungen (Gnosis, Hermetismus), sondern auch die Reflexe der weit zurückreichenden Erinnerung an die ägyptischen, babylonischen und altiranischen esoterischen Richtungen, deren Spuren zumindest im Gedächtnis des Raums, in dem sie einmal existiert hatten, zurückgeblieben sind. All diese Richtungen sammeln, versöhnen und durchdringen sich gegenseitig in der esoterischen Linie der islamischen Kultur, die in dieser Epoche (1. und 2. Jahrhundert nach der Hedschra bzw. 7. und 8. Jahrhundert des Gregorianischen Kalenders) offen genug war, um sich die unterschiedlichsten esoterischen Linien, vom Neoplatonismus über die Gnosis zum Hermetismus und einigen fernöstlichen Lehren, anzueignen und mit der Offenbarung in Einklang zu bringen. In der islamischen Esoterik sieht man vielleicht am besten die bereits erwähnte Eigenart der esoterischen Lehren, sehr verschiedene Sinnlinien, weit auseinander liegende Symbole und Wesen unterschiedlichster Art und Seinsform zu einem synkretistischen Ganzen zu vereinigen, das in sich nicht ausdifferenziert, »nach außen hin« aber klar abgegrenzt und von allem, was es nicht selbst ist, getrennt ist. Die sich in der islamischen Esoterik mit den Quellen des Islams vereinigenden Lehren, intellektuellen Positionen und kulturellen Traditionen würden jede exoterische Betrachtung hoffnungslos verwirren.

Außerdem sieht man gerade am Beispiel der islamischen Esoterik sehr gut die gegenseitige Affinität der durch Zeit, Raum und exoterischen kulturellen Kontext unendlich weit voneinander entfernten esoterischen Richtungen. Obwohl Bildungsgrad und Bildungsart, Jahrhunderte und Meere sie trennen, wiederholen die Esoteriker des katholischen Europas, die in Erscheinung treten, sobald die »exoterische Organisation der Kirche« dank ihrer Schwächung eine individuelle Beschäftigung mit dem Inneren zuläßt, vieles von dem, was die islamischen Esoteriker gesagt haben, und dort, wo sie sich zweifellos unterscheiden, stellen sie eine offensichtliche und sehr wichtige Korrespondenz mit ihren islamischen Vorgängern her. So wiederholt beispielsweise Meister Eckhart etwas weniger als vier Jahrhunderte später fast die gleichen Worte, derentwegen der islamische Esoteriker al-Halladsch gepeinigt und verurteilt wurde; er wiederholt sie, ohne zu wissen, daß sie bereits ausgesprochen wurden, und ohne von dem zu wissen, der sie ausgesprochen hat, er wiederholt sie und identifiziert sich einen Augenblick lang mit einem »Ungläubigen«, obwohl in eben diesem Augenblick Dutzende von »rechtgläubigen« Händen eine Verurteilung jener Kultur abfassen, in der Meister Eckharts Worte zum ersten Mal ausgesprochen wurden; so wird zwischen den beiden Verurteilten, die nie voneinander gehört haben, eine enge Korrespondenz, fast Übereinstimmung hergestellt, weil sie in Sprachen, die nicht miteinander verwandt sind, eine ähnliche Vorstellung vom Inneren ausgesprochen haben. Der Esoteriker aus dem Bagdad des neunten Jahrhunderts stand dem europäischen Esoteriker aus dem vierzehnten Jahrhundert näher als seinem Nachbarn; die Esoteriker bestätigen die Einheit und Ganzheit der Welt, die gerade dank der Unterschiede in ihr eins und ganz ist; diese Einheit ist tatsächlich eine »innere« und keine »äußere«, was man am besten daran sehen kann, daß bei aller Unkenntnis und öffentlicher Feindschaft im exoterischen Bereich die Welt in sich einheitlicher war – weil die Esoteriker ihre Einheitlichkeit verteidigten – als heute, wo es keine (wirklich keine?) Unkenntnis und öffentliche Feindschaft unter den Kulturen gibt, sich aber die Exoteriker bemühen, die Einheit der Welt zu artikulieren. Wer mir nicht glaubt, möge die mittelalterliche Literatur in den sich damals unversöhnlich gegenüberstehenden Kulturen, wie der islamischen und katholischen, anschauen; möge innehalten bei den Affinitäten, die von innen her so weit nach außen kommen, daß auch die äußerlichen Übereinstimmungen offensichtlich werden. Wie man sieht, greifen die Vorstellungen und Aufteilungen von Ost und West, von Antike und Mittelalter, Christentum und Islam, die wir uns angewöhnt haben, in der esoterischen Literatur nicht.

Die wundersamen Übereinstimmungen verschiedener esoterischer Richtungen und die Kontinuität, die außer Zweifel steht trotz der »Wanderungen«, die jedesmal einsetzen, wenn sich der Kultur eine gut organisierte, das Recht auf die »offizielle Deutung der Welt« usurpierende Institution aufzwingt, sind natürlich nicht zufällig. Sie gehen aus dem Synkretismus hervor, der das esoterische Erleben der Welt entscheidend bestimmt, aus der Natur des »Inneren«, dem jede Esoterik nachforscht und das wahrscheinlich weniger durch die Form als durch andere Eigenschaften bestimmt ist (während das exoterische Wissen untrennbar an die Form gebunden ist), aus der Gebundenheit aller esoterischen Richtungen an ein gleichbleibendes Repertoire von Methoden und Instrumenten des Verstehens. Alle esoterischen Lehren, deren Unterschiede nicht zu vernachlässigen und nicht so unbedeutend sind, wie man hier zu zeigen bemüht ist, nutzen die Analogie, die Korrespondenz, die Symmetrie, die Homologie, also jene Instrumente, die die gemeinsamen Merkmale zweier oder mehrerer Gegenstände herausstellen wollen. Die Methode dieses Denkens ist primär der Vergleich, sein Ziel die Wahrnehmung dessen, was die verglichenen Gegenstände verbindet oder vereint. Vereinfachend könnte man sagen, daß das esoterische Denken nach dem Prinzip des Einschließens funktioniert, indem es sucht, was verschiedenen Gegenständen gemeinsam ist, und sie auf Grund des Gefundenen miteinander verbindet, während das exoterische Denken umgekehrt nach dem Prinzip des Ausschließens funktioniert und nach dem sucht, worin sich ein Gegenstand von allen anderen Gegenständen auf der Welt unterscheidet. Vielleicht könnte man dasselbe auch anders sagen, z.B. so, daß das esoterische Denken mit Paradigmen operiert und das »exakte« mit Begriffen, aber man könnte es wahrscheinlich am besten mit einem Beispiel sagen: die esoterischen Richtungen definieren einen Laut durch das, was ihn mit einem Buchstaben, einer Zahl, einem Namen Gottes, einem Dschinn, einem Mineral, einem Planeten verbindet, während das »exakte« Denken ihn durch das definiert, worin sich dieser Laut von allen anderen Lauten, insbesondere von den durch dieselben Sprechwerkzeuge gebildeten, unterscheidet.

Vielleicht lassen sich damit die Gründe für die enge Bindung der esoterischen Bewegungen an den Mythos erklären, denn das mythische Denken nutzt dieselben Instrumente und funktioniert nach demselben Prinzip. Alle esoterischen Richtungen sind von Mythen inspiriert und produzieren geistige Systeme, die dem Mythos in vielem nahe stehen, nicht nur weil beide synkretistisch sind – dank der Instrumente des mythischen Denkens gelingt es der Esoterik auch heute, an die Ganzheit der Welt zu erinnern, trotz der dumpfen Aggression des »exakten Denkens«, von dem sie sich umgeben sieht und von dem die organische Ganzheit der Welt wirklich bedroht ist. Gibt es einen besseren Beweis für die mythenschaffende Kraft der Esoterik als das Werk von Platon?

Mit dem Hinweis auf die Instrumente des esoterischen Denkens läßt sich auch das scheinbare Paradox erklären, das der Platz des Menschen in den esoterischen Lehren darstellt. Alle esoterischen Richtungen sehen den Menschen als Mikrokosmos oder als Ort der Diskontinuität in der natürlichen Reihe (als vergeistigten Körper oder verkörperten Geist), und gleichzeitig integrieren sie ihn in die Welt und sehen ihn als Teil, als Element der kosmischen Harmonie. Obwohl er eine Komprimierung der Welt, einen vollendeten Mikrokosmos darstellt, ist der Mensch in keiner einzigen esoterischen Lehre so verzweifelt einsam, wie es in den exoterischen Lehren alle Wesen, besonders aber die Menschen sind. Er ist nicht einsam, weil seine Substanz in der auf das Innere gerichteten esoterischen Vorstellung naturgemäß in die innere Substanz der Welt integriert ist, bei der alles – Eins ist. Wie auch in den Mythen.

Die Instrumente des Denkens, die in allen esoterischen Richtungen wiederkehren und mythischen Ursprungs sind, bringen gesetzmäßig den Synkretismus und als seine Folge die Ähnlichkeit verschiedener esoterischer Lehren hervor. Ein Synkretismus gleicht dem anderen, würde man sagen, wenn man mit an Differenzierung gewöhnten Augen schaut. So erscheinen dem exoterischen Denken, das sich, wie hier der Fall, um eine Beschreibung bemüht, verschiedene esoterische Richtungen einander viel ähnlicher, als sie es in Wirklichkeit sind. Die Ähnlichkeiten zwischen verschiedenen esoterischen Lehren sind viel geringer, als hier gezeigt wurde, weil bisher vor allem von ihren Gemeinsamkeiten die Rede war – der Begriff der Esoterik sollte ja in Beziehung zu verschiedenen Formen der Exoterik definiert werden, und für den Mantel sind alle Eingeweide gleich. Wie groß und welcher Art die Unterschiede zwischen den esoterischen Lehren sind, soll die Beziehung zwischen der Mystik des al-Halladsch und dem Neoplatonismus der Lauteren Brüder andeuten. Sie lebten zur selben Zeit und am selben Ort (sie in Basra, er in Bagdad, sie etwa hundert Jahre nach ihm), doch ihre Lehren hatten fast keine Berührungspunkte, denn mit seinem Bestreben, den

Menschen auf Grund der Seele mit Gott gleichzusetzen, hat ihr Bestreben, »eine Doktrin (zu schaffen), die einen Platz unter den historischen Religionen hätte und die jeden zufriedenstellen und niemanden kränken würde«, nichts gemein. Gemeinsam ist ihnen nur die Überzeugung von jenem Inneren, das jedes Wesen besitzt und dank dessen es Teil einer unendlichen Kette von Wesen ist, die das Universum ausmachen. Hierin sind die esoterischen Richtungen miteinander verbunden und haben ihren Platz im kulturellen System. Es ist dies der Platz, den – wiederum des Synkretismus wegen – der Mythos haben könnte: ein Platz mitten im Zentrum der Kultur, ein Platz zwischen den kulturellen Formen, zwischen den Disziplinen, »innen, im Mittelpunkt des Geisteslebens«. Die esoterischen Lehren sind Verbindungsglied, Raum und Form, wo sich die Religion und die Literatur, die Philosophie und die Theologie begegnen; keiner einzigen dieser Disziplinen gehört die Esoterik restlos an, keine einzige von ihnen ist ohne Vorbehalt bereit, die Esoterik auf- und anzunehmen. Aus welcher Perspektive er auch gelesen wird, der esoterische Text hat stets einen bestimmten Überschuß, der es nicht zuläßt, ihn als philosophischen oder als literarischen oder als theologischen zu klassifizieren. Doch gleichzeitig weist er wegen seiner Besessenheit vom Inneren zwangsläufig technische Unzulänglichkeiten auf, die die Vorbehalte jeder dieser Disziplinen ihm gegenüber rechtfertigen.

Der esoterische Text entzieht sich jeder Klassifizierung, nicht nur hinsichtlich der Gattung, sondern auch hinsichtlich der Disziplin, wofür Empedokles ein ausgezeichnetes Beispiel darstellt. Aristoteles polemisiert mit denen, die Empedokles, weil er in Versen schreibt, als Dichter betrachten, und sagt, er sei eher ein Naturforscher: dafür spreche auch der Titel *De natura*. Diese Polemik zeugt davon, daß es Leute gegeben hat, die geneigt waren, die Schriften des Empedokles als Dichtung zu betrachten, und zwar ernsthafte Leute, weil Aristoteles ernsthaft mit ihnen polemisiert; aus anderen Quellen geht hervor, daß Empedokles der nämlichen Schriften wegen als Theurg galt und daß andere, wiederum ernsthafte Leute, diese als heiligen Text gelesen haben; ohne alle Quellen wissen wir, daß diese Schriften, vielmehr das, was von ihnen erhalten ist, durchaus große Poesie sind, aber auch als Philosophie gelten. Eine ähnliche Verwirrung hinsichtlich der Disziplin herrscht um den großen Lehrer der Orphik, Pythagoras, der gleichzeitig Mathematiker und Philosoph, Dichter und Prophet, Mythologe und Musikologe, Mythenschaffender und Theologe ist. Dasselbe oder fast dasselbe könnte man über Platon sagen, der ohne Zweifel der wichtigste Schriftsteller des philosophischen Mythos, also Erzähler und Philosoph, ist, aber daneben auch Gesetzgeber, Politiker oder Theoretiker der Politik, Urbanist und Pädagoge.

Fast dasselbe kann man über alle Alchimisten sagen, die zweifelsfrei Esoteriker und genauso zweifelsfrei »exakte Wissenschaftler«, Philosophen, Schriftsteller sind. Dasselbe kann man über praktisch alle islamischen Esoteriker sagen, die in gleichem Maße Erzähler und Grammatiker, Glaubenslehrer und Wissenschaftler sind. Sind die Lauteren Brüder Enzyklopädisten, Naturforscher oder Erzähler? Sind ihre Abhandlungen, darunter der berühmte »Rechtsstreit zwischen den Tieren und dem Menschen«, die enzyklopädische Summe aller Kenntnisse der zeitgenössischen Welt? Sind sie ein philosophisches Weltmodell? Sind sie ein großartiges Erzählprojekt, mit dem man sich bemüht, die gesamte Wirklichkeit zu thematisieren?

Die Position der Esoterik im kulturellen System, ihr Platz »zwischen« den Disziplinen, wo sich Literatur und Philosophie, Religion und die exakten Wissenschaften begegnen und überschneiden, überträgt sich auf die Position und die Natur des esoterischen Textes oder spiegelt sich zumindest darin wider. Durch seine Offenheit hinsichtlich Disziplin und Gattung, durch seine Ambition, literarischer und philosophischer, theologischer und wissenschaftlicher Text zu sein, durch sein Bedürfnis, alle Perspektiven zu vereinigen und, indem er sich im »Inneren« des Gegenstandes, von dem er spricht, niederläßt, gleichzeitig all seine Seiten, seinen Anfang und sein Ende in der Zeit zu zeigen, erinnert der esoterische Text an den Mythos, dessen treuester Erbe ja auch die Esoterik ist. Claude Lévi-Strauss sagt, daß der Mythos »reiner Inhalt« sei, der in jeglichem Material Gestalt annehmen kann, so daß die Skulptur und die Erzählung, das Bild und die »intermediale« Form des Rituals, die musikalische Komposition und der Tanz gleichermaßen präzise und gleichermaßen unpräzise Formen des Mythos sind. Jede Form, in der man einen mythischen Inhalt zu artikulieren versucht, hat einen bestimmten Mangel und einen bestimmten Überschuß, büßt etwas vom mythischen Inhalt ein, der sicher umfangreicher ist als das von der Form »Erfaßte«, und gleichzeitig fügt sie etwas hinzu, was nicht zu diesem Inhalt gehört. Vielleicht besteht dieser Mehrwert, dieses Etwas, das nicht zum mythischen Inhalt gehört, sondern ihm durch Gestaltung hinzugefügt wird – in der Form, in den festen und endgültigen Grenzen, die sicherlich keine primäre Eigenschaft des mythischen Inhalts sind?

Auf ähnliche Weise steht der esoterische Text gleichzeitig »über« und »unter« den Disziplinen und Gattungen. Jede Lektüre eines solchen Textes mit den Instrumenten nur einer Disziplin trifft auf Mangel und Überschuß, einen Mangel an Diszipliniertheit und Methode im Umgang mit dem spezifischen Wissen einer Disziplin und einen Überschuß an Inhalt, mit dem diese Disziplin nichts anzufangen weiß. Dies ist der Besessenheit der esoterischen Texte vom Inneren geschuldet, also von dem, was primär nicht durch die Form bestimmt ist. Das Innere entzieht sich reinen Begriffen, reinen Formen, der Betrachtung aus nur einer Perspektive. Das grundlegende Paradox jeder Esoterik taucht zwangsläufig auch im esoterischen Text auf, der mit zwei entgegengesetzten Blickwinkeln operiert – von oben und von unten, vom Anfang und vom Ende, von links und von rechts.

Vielleicht gerade deshalb, weil er sich mit dem reinen Innen befassen will, muß der esoterische Text (etwas *per definitionem* Materielles und Äußeres) von einer Form ausgehen, in der er seinen eigentlichen Gegenstand, das Innere, unterbringt. Das bedeutet, daß er das Material für eine Handlung haben muß, aus dem er ein Sujet gestalten wird, sei es noch so elementar, reduziert auf die Grundsituation eines Sujets. So sind z.B. die erhaltenen orphischen Texte dem Reisen der Seele durch das Jenseits gewidmet, was bedeutet, daß sie mit einem Grundsujet operieren, das erzählerisch unendlich produktiv ist (muß man daran erinnern, daß die Situation des Reisens das Grundsujet des hellenistischen, des mittelalterlichen, des pikarischen Romans ist?). Jeder Text Platons geht von einer konkreten Situation aus, die konkrete Gesprächspartner miteinander teilen; der »Rechtsstreit zwischen den

Tieren und dem Menschen« der Lauteren Brüder ist an eine Situation vor Gericht gebunden, an eine dramatische Situation par excellence. Indem sie auf ein Sujet angewiesen sind, gehören die esoterischen Schriften ohne Zweifel zur Literatur, die andererseits die Verfechter des Klassifizierens wegen des Fehlens von »exoterischem literarischem Schmuck«, wie etwa undurchsichtigen Sätzen, einer gattungsmäßig reinen Form, einer spektakulären Wendung des Sujets, oftmals nicht als Literatur erkennen. Aber eigentlich ist gerade die Esoterik die literarische »Form« (obwohl man die Anführungszeichen weglassen könnte), die vielleicht als einzige eine Kontinuität von Empedokles und Platon über al-Dschunaid und die Lauteren Brüder bis hin zu Borges aufzuweisen hätte. Darüber hinaus hat sie einen unzweifelhaften literarischen Wert, einen hohen intellektuellen und handwerklichen Anspruch, so daß sie im Unterschied zu fast allen anderen literarischen Formen von Gags und skandalösen Vereinfachungen meist verschont geblieben ist.

Neben dem »äußeren Sujet«, das die Ereignisse und Gestalten bilden, die ihrer Situation entsprechend handeln oder sprechen, hat der esoterische Text auch ein »inneres Sujet«, durch das der Sinn konstituiert wird. In der Regel ist der esoterische Text wie »eine Reise der Seele zum Sinn« gebaut, also wie der Weg ins Innere, und diese Figur der Reise zum Sinn wird mit den erwähnten Instrumenten des esoterischen Denkens – Analogie und Symmetrie, Homologie und Korrespondenz – gestaltet. Das bedeutet, daß das »innere Sujet« des esoterischen Textes nach einem semantischen Prinzip aufgebaut ist, daß also die Beziehungen zwischen seinen Elementen (Spannungslinien, gegenseitige Konfrontation oder Affirmation) auf der Grundlage ihrer Beziehung zum Sinn geordnet werden, und zwar wiederum in den bereits erwähnten »Denkfiguren«. Dieser Gebundenheit an den Sinn entsprechend kann der esoterische Text Philosophie sein, was mich wenig interessiert, aber der Tatsache entsprechend, daß er bestrebt ist, Sinn zu konstituieren, und daß er das über Spannungslinien, gegenseitiges Erzeugen, Übereinstimmen oder Divergieren seiner Elemente erreicht, ist er zweifelsfrei Literatur, und das interessiert mich sehr. Immer ist das Betreten eines Inneren, das Bejahen eines Sinns – ein Ereignis, und ein Ereignis ist ein Sujetelement par excellence. Ein guter esoterischer Text dringt immer in ein Inneres vor, und vor allem deshalb ist er gute Literatur.

Für orthodoxe Exoteriker, für Apologeten des exakten Denkens dürfte der esoterische Text keine gute Literatur sein, weil er nicht auf den »poetischen Gebrauch der Sprache« zu reduzieren ist, seine Aufmerksamkeit nicht auf die Sprache selbst lenkt. Während die Literatur Sprache sowohl als unmittelbares wie als metasprachliches Material kennt, verfällt diese Art des Denkens einem, wenn ich mich nicht irre, vulgären Materialismus, vielleicht gerade weil es so unerträglich exakt ist. Die Forderung nach einem »poetischen Gebrauch der Sprache« übersieht, daß das Wort dreigliedrig ist, daß es aus Zeichen, Bezeichnetem und Sinn besteht, und daß die Sprache als literarisches Material viergliedrig ist, weil sie mit Wörtern und Sätzen eine imaginäre Welt errichtet. In guter Literatur stehen wir im Bann der *eidola* wie die alten Männer von Troja, die die schöne Helena bei ihrem Spaziergang vor Sonnenuntergang gesehen haben. Was war es, was sich in ihnen geregt und die Verfluchte gesegnet hat? Ihr Inneres, ihre *eidola*, würden die Esoteriker sagen. Das in ihrem Inneren, was sich literarisch nur durch eine hinreichend durchsichtige Rede gestalten läßt und der Natur der wie eine Spiegelfläche indifferenten Sprache hinreichend Rechnung trägt.

Garten und Wüste

Der Park in Sarajevo

1

An einer Stelle im Koran heißt es: »Allah löscht aus und
bestätigt, was Er will, und bei Ihm ist die Mutter der Schrift«
(XIII, 39). Das ist eine der Offenbarungen, von denen ich besessen
bin, seit ich von ihnen weiß, zu denen ich zurückkehre,
wenn ich angesichts der Unvollkommenheit der Sprache oder
ihrer Weigerung, meine Liebe zu erwidern, Trost brauche, und
die ihrerseits zu mir zurückkehren, wenn ich denke, daß mir
etwas wirklich Gutes gelungen ist (wahrscheinlich um mich
daran zu erinnern, daß beim Schreiben die Sprache mindestens
so wichtig ist wie ich). Aber nicht diese unbeirrbare Wiederkehr
ist der Grund, warum ich von dem erwähnten Koranvers
(Aya) besessen bin; viele Sätze kommen mir immer wieder aufs
neue in den Sinn, ohne daß ich von ihnen fasziniert wäre, schon
gar nicht auf diese Art. Auch die im Zusammenhang mit diesem
Vers verfaßte Vielzahl von Deutungen, Interpretationen,
Kommentaren ist nicht der Grund; auch nicht der Geist, die
gedankliche Tiefe, die poetische Kraft einiger Kommentare,
die ich immer wieder aufs neue mit immer derselben Freude
und Dankbarkeit lesen könnte. Etwas an dem Vers selbst oder
an meiner Reaktion auf diesen Vers läßt mir keine Ruhe,
erzeugt den Eindruck, meinem Verständnis sei etwas Wesentliches
entgangen.

Sosehr ich darüber nachsinne, sosehr ich diesen Vers analysiere
und mich bemühe, seine Aussagen zu systematisieren, es
bleibt etwas Unausgesprochenes zurück, der Eindruck, daß
ich eigentlich gar nicht in der Lage bin, dieses Wesentliche auszusprechen.
Aber vor allem ist da das zwiespältige Gefühl, daß
die Sprache der Menschen mit dieser Koranstelle gleichzeitig
gepriesen und verspottet, erhöht und erniedrigt wird. Diese

gleichzeitige Erhöhung und Erniedrigung, Lobpreisung und Verspottung meiner Sprache (meines Wissens, meines Erkenntnisvermögens) – das muß das Faszinierende an diesem Vers sein, wodurch er so hartnäckig Besitz von mir ergreift und mich zwingt, mich immer wieder aufs neue mit ihm zu beschäftigen.

Einer meiner Versuche, das Erleben dieser Aya irgendwie »logisch zu fassen«, brachte mich auf eine Erzählsituation, die, würde sie literarisch ausgebaut, zu einem gewissen Verständnis führen könnte. Ich überlegte folgendes: Aussagen wie diese sind ihrer Natur nach nicht rational zu verstehen, das von ihnen gebotene Wissen läßt sich nicht auf eine Information oder auf eine einfache Formel der grammatischen Logik reduzieren; sie können nur *per analogiam* begriffen und erlebt werden, z.B. über das Erzählen oder indem man sie auf die Bühne bringt, sie können durch ein reales Erlebnis oder in der ästhetischen Erfahrung erkannt werden, auf alle möglichen Weisen des Wissens, in denen Formgefühl und Affekt, Belehrung und Empfindung zusammenspielen. Die grammatische Logik erschließt uns keinen heiligen Text und keinen Roman, sie hilft uns weder die Liebe noch das Leben noch den Schmerz zu verstehen, weil ihre allzu einfachen (primitiven) Instrumente nicht das Wissen hervorbringen, das die unendlich komplexen Phänomene des Heiligen, des Schicksals, der Liebe »zu umfassen« oder »widerzuspiegeln« vermöchte. Zur Bildung eines solchen Wissens sind Kunst, Ritual und Erfahrung, also das Leben selbst, unerläßlich. (Vielleicht rührt daher das Unbehagen unser hyperrationalistischen Zeit an den heiligen Büchern.) Jedenfalls bin ich damals, vor etwa zwanzig Jahren, als ich mich zum wer weiß wievielten Male mit jener Koranstelle beschäftigte, zu dem Schluß gekommen, daß ich mit einer Erzählung, einem Drama, einer Inszenierung versuchen müßte, dem in der zitierten Aya erahnten Sinn eine Form zu geben und ihn dadurch zu erkennen.

Eins steht außer Zweifel, und das könnte als Ausgangspunkt bei der Entwicklung der Handlung (der analogen Struktur) für meine Erzählung, mein Drama oder was auch immer dienen: die Aya, von der ich besessen bin, besagt, daß die den Menschen geschenkten Offenbarungen eigentlich Übersetzungen aus der Mutter der Schrift sind; das ist nur logisch und wäre anders gar nicht möglich, weil die einzelnen Offenbarungen, also die heiligen Bücher der auf der offenbarten Schrift (Zend-Awesta, Altes Testament, Neues Testament, Koran) gründenden Religionen in den Sprachen der Menschen mitgeteilt werden müssen, um ihnen zugänglich zu sein; und jede dieser Offenbarungen ist eigentlich eine Übersetzung aus der Mutter der Schrift, in der die Grundwahrheiten und Urwahrheiten formuliert sind. Diese Urschrift ist natürlich in keiner Menschensprache verfaßt, die auf Phoneme und Laute, morphologische und syntaktische Formen angewiesen wäre, um Bedeutung herzustellen – diese Schrift kann nur in der Sprache schlechthin geschrieben sein, in jener Sprache, die man als Sprache an sich bezeichnen könnte, sagen wir, als System und als Gesamtheit reiner Bedeutungen und Sinngehalte, die für ihre Vermittlung keine materielle oder andere Form brauchen. Ich weiß nicht, wie diese Sprache an sich aussehen könnte, aber warum sollte die Kommunikation in dieser Sprache nicht der Telepathie ähneln, die der Laute, Wörter und Sätze, der Berührungen und physischen Nähe, der Formen und anderen Mittel der normalen menschlichen Kommunikation zur Übertragung von Gedanken und Emotionen nicht bedarf, die das Wesen der Sprache und den reinen geistigen Inhalt direkt überträgt, ohne zu irgend etwas Materiellem greifen zu müssen. Ich denke, daß auch die mystische Erfahrung, die uns eine ganz andere Art von Wissen verschafft, mit den »Botschaften« und »Aussagen« in der Sprache an sich vergleichbar wäre, obwohl ich das natürlich nicht wissen kann. Jedenfalls ist klar, daß die Mutter der Schrift ein Wissen enthält, das in den Sprachen der Menschen nicht unmittelbar ausgedrückt werden kann, sondern in diese übersetzt werden muß, es ist klar, daß die Sprache, in der sie geschrieben ist, eine uns unvorstellbare Kommunikation ermöglicht, und klar ist, daß es so sein soll und sein muß.

Diese Erwägung brachte mich auf eine Frage, die als unsinnig abzutun ich nicht einverstanden wäre, wenn ich sie auch nicht für wesentlich erachte: Warum sind Teile der Mutter der Schrift nur in ein paar Sprachen übersetzt und warum gerade in diese? Warum wurden Hebräisch, Aramäisch, Hellenisch (Altgriechisch), Arabisch auserwählt und nicht andere Sprachen? Ich gebe zu, meine Frage ist naiv, aber ich versichere, daß sie – wie viele naiven Fragen – auch etwas »Schicksalhaftes« birgt. Sie ist keine wesentliche Frage, denn sie geht nicht aus der »Natur der Sache selbst« hervor; den Schachzug des szientistischen Denkens, alle Fragen, auf die es keine Antworten parat hat, zu sinnlosen Scheinfragen zu erklären, mache ich aber auch nicht mit. Denn geradezu unüberschaubar sind die Folgen jener Tatsache, daß die heiligen Bücher ausgerechnet in diesen Sprachen offenbart wurden, buchstäblich unüberschaubar sind die Sinnkomplexe, von denen diese einfache Tatsache umgeben ist, so daß eine Frage, die zu einem Gespräch darüber einlädt, nicht sinnlos und schon gar keine Scheinfrage sein kann.

2

Die Frage nach der Auswahl der Sprachen, in die Teile der Mutter der Schrift übersetzt sind, erforderte eine Ausgangssituation für eine Erzählung oder ein Drama (Dramolett), ähnlich wie Flauberts *Die Versuchung des Heiligen Antonius*, und das nahm mich viel stärker in Anspruch, als es alle abstrakten Spekulationen über die Tauglichkeit einer Frage hätten tun können, weil Flauberts *Heiliger Antonius* zu meinen literarischen Obsessionen gehört. (Mir war seinerzeit nicht aufgefallen, daß das ein zuverlässiger Beweis für die Tauglichkeit meiner naiven Frage war: mit Sicherheit ist eine Frage tauglich, die zu einer Erzählsituation führt, weil diese eine Figur und ihre existentielle Situation impliziert, also einen Grad von Komplexität, wie wir ihn in der Realität des Menschen antreffen; Fragen, die eine logische Bearbeitung wie mit dem Computer erlauben, und die entsprechenden Antworten können logisch, müssen aber nicht tauglich sein.)

Im selben Moment war mir klar, daß ich kein Dramolett schreiben durfte, weil ich Flauberts *Heiligem Antonius* geistig zu sehr verhaftet bin. Und mir war klar, daß mein Text eine Erzählung mit vielen essayistischen Einsprengseln sein mußte, sagen wir, die Auseinandersetzung eines skeptischen Dämons mit einem wahrhaft Gläubigen, sagen wir, mit einem jener islamischen Mystiker, die Dämonen zu begegnen und mit ihnen zu ringen vermochten. Und mir war klar, daß ich meinen Mystiker, wie immer er am Ende auch heißen würde, nach Muhyiuddin Ibn Arabi würde gestalten müssen, der sich so aufrichtig und so selbstquälerisch mit der Sprache und den Äußerungen der Menschen befaßt hat.

Sobald Ibn Arabi vor meinem geistigen Auge erschienen war, machte ich mich ans Schreiben. Alles war da: Figuren, die ich wie mich selbst kenne, ihre Fragen, die mir näher sind als viele meiner eigenen, die Beziehung zwischen den Figuren – genug, um sie in Aktion treten zu lassen und aufzuschreiben, was sie sagen und tun.

»Ist es ein Zufall, daß der Koran ausgerechnet auf arabisch offenbart wurde?« fragt der Dämon Ibn Arabi eines Tages in der Dämmerung, genau in dem Moment, als am fernen Horizont zwei Wolken auftauchten. »Mußte er zwangsläufig auf arabisch offenbart werden? Hätte er nicht auch in einer beliebigen anderen Sprache oder in nur einigen Sprachen oder einzig und allein in dieser einen offenbart werden können?« (Ich brauche wohl nicht zu erwähnen, daß ich dem skeptischen Dämon meine Fragen, Zweifel und Ängste in den Mund gelegt habe, um mich davon zu befreien – natürlich völlig vergeblich. Gott ist mein Zeuge, daß ich nicht zweifeln möchte, Er weiß, wie aufrichtig und tief ich das nicht möchte, aber... Zum Glück findet sich immer ein Dämon oder eine andere Gestalt, der man übertriebene Zweifel unterschieben kann. Warum lassen sie mich dennoch nicht los?!) »Hätte der Koran auf ungarisch, in der Sprache der nordischen Sagen oder in der Sprache von Echnatons monotheistischem Glauben an die Sonnenscheibe offenbart werden können? Gibt es einen einzigen Grund, warum gerade die arabische Sprache auserwählt wurde, und gibt es etwas, was diese Schrift spezifisch arabisch macht? Ist es dasselbe Arabisch bei ihnen im Kalifat von Granada, z.B. in seinem Murcia, und bei uns, in Damaskus, und in den fernen Gebirgsketten des Iran, wo die Schönheit des Lichts gerühmt wird?«

Er redet, redet, redet, überschüttet den Weisen mit Fragen, die er bald spöttisch, bald hysterisch, mal wütend und dann wieder melancholisch ausspricht, er fällt seinen Gesprächspartner buchstäblich an. Aber das ist jetzt schon in Damaskus,

Ibn Arabi ist alt und müde, ihn plagen Schlaflosigkeit, Müdigkeit und eine Kälte, die auch mitten am heißen Tag plötzlich auftritt. (Das ist wichtig, denn damit motiviere ich die komplizierte hermeneutische Struktur der Erzählung: die Fragen werden vom Dämon ausgesprochen, und es müssen seine Fragen sein; leider sind es aber auch meine, doch am allerwichtigsten, ja entscheidend ist, daß es auch Ibn Arabis Fragen sind.) Ihrer Form wie ihrem Ton nach müssen es die Fragen sein, die in Ibn Arabis Geist hätten auftauchen können, in Augenblicken der Ermüdung, des Schmerzes, der Angst, und schließlich jetzt, gegen Ende seines Lebens, in Damaskus. Form und Tonfall dieser Fragen müssen Eigenheiten von Ibn Arabis Tonfall und Sprache zum Ausdruck bringen, so daß eine Variante suggeriert wird, wonach der Dämon, wie selbständig er in seinem Ton und Denken auch sei, eigentlich das unerwünschte, geheime, das skeptische Ich Ibn Arabis ist. (Dabei müssen sich aber alle Fragen von meiner Person lösen, so daß sie wirklich zu denen des Dämons, vielleicht auch zu Ibn Arabis Fragen werden; ich finde es unerträglich, wenn Schriftsteller ihre Gestalten zu ihrem Sprachrohr machen, so daß sie die Ansichten des Autors verkünden. Die Literatur, die ich schätze, verhilft den Dingen und Menschen, von denen sie handelt, zum Wort, in ihr sprechen die dargestellten Menschen sich selbst und ihre Fragen aus.)

Ibn Arabi reagiert im ersten Augenblick ausgesprochen selbstsicher, zeitweise mit einem Anflug überlegener Ironie. Er antwortet, daß eine Ursache nicht zu existieren aufhöre und auch nicht aufhöre, Ursache zu sein, wenn sie mit dem Verstand des Menschen und erst recht mit dem eines Dämons nicht zu begreifen ist (der Dämon steht nach der islamischen Dämonologie in der Hierarchie der einzelnen Seinsformen unter dem Menschen). Wenn also der Verstand des Menschen keine Einsicht in die Gründe habe, warum die Schrift den Menschen ausgerechnet auf arabisch geschenkt wurde, bedeute das nicht, daß es diese Gründe nicht gibt – die Menschen haben ja auch nicht die Gründe für die seltsame Tatsache herausgefunden, daß sie leben und sterben, und, siehe da, sie leben und sterben doch. Er antwortet, daß es mit großer Wahrscheinlichkeit, ja mit Sicherheit Gründe für die Wahl der arabischen Sprache gebe, weil Offenbarung und Zufall sich der Natur der Dinge nach gegenseitig ausschließen. Er fügt hinzu und betont zweimal, daß die Schrift allen Menschen auf der Welt ungeachtet ihrer Muttersprache gegeben worden sei, auch jenen, die überhaupt nicht wissen, daß die arabische Sprache existiert, aber daß dies natürlich nicht die Gründe in Frage stelle, weshalb gerade das Arabische als erste Sprache auserwählt wurde, in der den Menschen die endgültige Offenbarung geschenkt werden sollte.

»Ist der Koran in seiner Übersetzung in nur wenige Sprachen der Menschen noch immer die Schrift, die ein höherer als des Menschen Geist hervorgebracht hat, indem er Teile der Mutter der Schrift aus der Sprache an sich ins Arabische übertragen hat?« fragt mein Dämon und bemüht sich, seiner Frage einen spöttischen Anstrich zu verleihen.

»Können wir das wissen, können wir uns jemals bei irgend etwas sicher sein, was mit der Sprache zusammenhängt?« antwortet Ibn Arabi mit einer Gegenfrage. »Wir kennen das innerste Wesen der Sprache nicht, mit ihrer geistigen Seite ist die Sprache dem Jenseits zugewandt, zu dem wir keinen Zugang haben, die Sprache ist die heiligste Gabe, die den Menschen verliehen wurde. Wie können wir dann wissen, was es mit der Schrift in den menschlichen Übersetzungen auf sich hat?! Wir wissen ja nicht einmal, wie es um unsere eigenen Menschenschriften in Übersetzungen bestellt ist! Die Offenbarung bleibt natürlich auch nach der Übersetzung Wahrheit – nach allen Übersetzungen; mit einer Rang- und Reihenfolge der Sprachen hat das nichts zu tun. Immer gibt es Gründe, weshalb etwas zum ersten Mal in einer auserwählten Sprache und nur in ihr gesagt werden kann und muß, so verhält es sich auch mit den Gedanken und Schicksalen der Menschen und erst recht mit der Offenbarung, aber wenn es erst einmal gesagt ist, kann man es wahrheitsgetreu in andere Sprachen übersetzen, soviel müßte selbst der Verstand eines Dämons erfassen.«

Dann kommt der entscheidende Augenblick für meinen skeptischen Dämon: wenn der Weise sich ganz sicher fühlt, so sicher, daß er in aller Ruhe über die Grenzen seines Wissens und die Schwächen des menschlichen Verstandes spricht und sich nicht einmal mehr bemüht, seine Verachtung für den dämonischen Widersacher zu verbergen, genau dann wird er ihn mit seinem stärksten Argument konfrontieren und ins Wanken bringen, Zweifel, Angst oder wenigstens Verunsicherung in ihm erzeugen (anders wäre die Geschichte nichts wert). Mein Dämon entscheidet sich, im Einklang mit seiner dämonischen Natur, für die apagogische Beweisführung: schön der Reihe nach zählt er die Argumente auf, wonach die Schrift ursprünglich allein auf arabisch erfahren und ausgesprochen werden konnte, und kaum daß er sie aufgestellt hat, widerlegt er die Beweise, einen nach dem anderen, oder stellt sie zumindest in Frage. Ich erinnere mich, daß mein skeptischer Dämon und ich elf solcher Beweise gefunden haben. Der erste war die unvergleichliche Schönheit und der literarische Wert des Korans, der alle Möglichkeiten der arabischen Sprache ausschöpft. So kann man nur in der Sprache schreiben, in der man denkt und fühlt, träumt und schreit, sich fürchtet und flucht, so kann man nur in der Sprache schreiben, die unsere Welterfahrung bestimmt, geformt und für immer festgelegt hat. In einer erlernten Sprache könnten wir niemals so schreiben, so kann nicht schreiben, wer nicht vollkommen mit seiner Sprache verwachsen ist.

Das mußte der Dämon aufrichtig vorbringen, stellenweise pathetisch, als spräche er der Sprache ein schwärmerisches Lob aus. Aber auf einmal, gerade als seine Überzeugung, daß der »Autor« der Offenbarung nur jemand habe sein können, der arabisch denkt und fühlt, sieht und hört, also gerade in dem Moment, als diese Überzeugung zur absoluten Gewißheit wird, vollführt er eine Wendung. Aber nein, sagt der Dämon näselnd, gedehnt, als ahmte er jemanden im Spott nach, ich habe unrecht, das ist kein Beweis, wie sehr wir es uns beide auch wünschen. Und dann führt er Schriftsteller wie Eriugena und Abdullah Ibn al-Muquaffa an, die meisterhaft in Sprachen schrieben, die nicht ihre Muttersprache waren und die sie überdies recht spät zu lernen begonnen hatten. Die vorbildliche Schönheit der arabischen Sprache im Koran beweise also nicht, daß die Schrift ursprünglich auf arabisch erlebt wurde und ausgerechnet in dieser Sprache zum ersten Mal offenbart werden mußte.

Und so noch zehnmal: zuerst erbringt er den Beweis, daß der Koran nur in der arabischen Sprache ausgedrückt werden konnte, dann zieht er diesen Beweis in Zweifel. Am Ende mußte der Weise verwirrt, von Zweifeln verunsichert oder wenigstens wütend auf seinen Gesprächspartner sein, der sich hartnäckig weigert zu begreifen, daß es dem Geschöpf nicht gegeben ist, alle Gründe zu kennen.

Ja, so hätte es sein sollen, ich erinnere mich gut, daß wir elf Beweise zusammen hatten und daß der Dämon noch zehnmal die logische Übung, Beweise zu erbringen und zu negieren, wiederholen sollte. Aber es kam anders, uns (dem Dämon und mir) war nicht beschieden, Ibn Arabi und seinen Glauben ins

Wanken zu bringen. Während ich niederschrieb, wie der Dämon die Sprache des Korans als Vorbild des Arabischen lobte, ging mir plötzlich auf, warum die Schrift nur auf arabisch offenbart werden konnte. Dieser innere oder literarische, erzählerische Beweis liegt in der Sache selbst, und deshalb kann man ihn mit keinem Trick in Frage stellen: In der Schrift werden das Kamel und die Wüste erwähnt, sporadisch und ganz nebenbei, wie etwas, das man voraussetzt und das deshalb nicht genannt zu werden braucht. So können Kamel und Wüste nur in einem Text auftauchen, der ursprünglich arabisch erlebt wurde. Wäre die Schrift jemandem mitgeteilt worden, dessen Muttersprache nicht Arabisch war, der nicht über diese Sprache die Welt entdeckt und kennengelernt hätte (wie gut er diese Sprache auch gekonnt hätte, selbst wenn er sie so gut beherrscht hätte wie Erasmus von Rotterdam Latein oder Al-Muquaffa Arabisch), so wären die Wüste und das Kamel immer wieder erwähnt worden, sie wären sichtbar, zumindest zeitweilig auffallend präsent gewesen und nicht diskret anwesend, nicht in jener unsichtbaren, dauerhaften Präsenz wie ein Organ, das uns keine Probleme macht, oder wie die Mutter, die wir als Kind um uns spürten.

Die Art, wie in der Schrift die Wüste und das Kamel gegenwärtig sind (es ist kein Pleonasmus, sie beide beharrlich zu nennen: wenn ich Kamel sage, ist die Wüste bereits erwähnt, aber wenn ich Wüste sage, habe ich noch nicht den Geruch von Kamelmilch evoziert und noch nicht den Staub hinter dem rennenden Kamel aufgewirbelt; die Wüste gehört zum Kamel wie einem Ganzen sein unverzichtbarer Teil angehört, aber das Kamel ist nicht zwangsläufig in der Wüste anwesend, weil der Name des Ganzen nicht unbedingt jeden einzelnen Teil impliziert) – die Art, wie in der Schrift die Wüste und das Kamel gegenwärtig sind, beweist, daß sie den Menschen auf arabisch offenbart werden mußte, weil eine so diskrete Gegenwart der Wüste in keiner anderen Sprache möglich ist. Ohne diese Art der Gegenwart oder Anwesenheit hätte man keine Bilder finden können, die dem Menschen helfen, abstrakte Begriffe wie z.B. die Zeit zu verstehen oder ihren Sinn zumindest zu erahnen (ich weiß nicht, ob die Zeit irgendwo sonst so gut, so konkret und so wahr dargestellt wurde wie in der Schrift) und Bilder, durch die er rein empirisch seine Übereinstimmung mit der Welt erfassen kann, wie z. B. im folgenden Vers: »Bald werden Wir sie Unsere Zeichen sehen lassen überall in den Horizonten und in ihnen selbst«, 41,53.).

3

Muß ich erwähnen, daß ich die Phantasie nach dem Vorbild von Flauberts *Die Versuchung des Heiligen Antonius* nie geschrieben habe? Die Argumente für den skeptischen Dämon waren mir ausgegangen. Hätte ich mehr finden können, hätte ich mich nur trauen müssen, weiter zu suchen? Ich weiß nicht, bis heute kehren diese Fragen beharrlich zu mir zurück (in einem Rhythmus, der mich mit seiner seltsamen Regelmäßigkeit verwirrt), und ich gehe ihnen ebenso beharrlich aus dem Weg; lagen die Argumente für den skeptischen Dämon nicht schon parat, um aufgeschrieben zu werden, aber ich wollte (durfte?) sie mir nicht bewußt machen? Hat mich womöglich die Angst daran gehindert, die Argumente zu sehen, die mir vor Augen standen? Vielleicht habe ich sie auch jetzt vor der Nase und sehe sie nur nicht, weil ich weiß, daß diesen Argumenten zuzustimmen (sie nur schon vor sich zu sehen) bedeuten würde, einer vom Zufall regierten Welt zuzustimmen; ich habe keine Lust, dieser Welt zuzustimmen, ich würde mir darin ziemlich dumm vorkommen, so sehr ich die guten Bücher solcher Mystiker des Zufalls, wie z.B. Jacques Monod einer ist, genossen habe. Ich weiß nicht, es ist auch nicht wichtig, vermutlich hätte ich all das längst vergessen, wäre da nicht die unbeirrbare Wiederkehr dieser Fragen (und der mit ihnen verbundenen Angst, die mich jedesmal beklemmt, wenn ich mich frage, ob nicht doch alles Zufall ist, purer dummer Zufall – auch die Wahl der arabischen Sprache). Und jedesmal, wenn mich diese Fragen beschäftigen, kehrt der Wunsch zurück, Flaubert zu lesen, seine Besessenheit vom Konkreten zu bewundern, aber auch die Wüste kehrt zurück – als Bild und als Thema, auf die sich meine Fragen konzentrieren.

Der mißlungene Versuch über die Sprache und das Heilige stieß mich, wahrscheinlich weil er indirekt mit dem heiligen Antonius, dem Einsiedler, zu tun hatte, auf eine Reihe von Fragen über Begriff und Funktion der Wüste in den beiden Religionen, von denen ich etwas Ahnung habe. Mein Ibn Arabi wäre, wenn ich ihn geschrieben hätte, im Garten und nicht in der Wüste dem skeptischen Dämon begegnet (der Versuchung ausgesetzt gewesen). Die Wüste hätte natürlich auch irgendwie da sein müssen, diskret und ständig präsent, unsichtbar, aber durchaus wahrnehmbar, so selbstverständlich wie der Tag oder der Umstand, daß wir den Rücken hinten haben. Ich hätte die Wüste nicht erwähnen und schon gar nicht beschreiben dürfen, und doch hätte ich sie irgendwie suggerieren, sie irgendwie evozieren, vergegenwärtigen müssen. Der heilige Antonius dagegen hat nur in der Wüste versucht werden können, denn der heilige Antonius war Christ. Im Christentum ist die Wüste der Ort der Versuchung: in der Wüste wurde Isa (Jesus) in Versuchung geführt, aus der Wüste kam Johannes der Täufer, der das Kommen Christi ankündigte, in die Wüste gingen alle, die sich prüfen wollten. Die Wüste wurde in der christlichen Literatur zum Topos, zu einem mit der »Suche nach dem Heiligen« unauflösbar verbundenen Allgemeinplatz, so daß z.b. beim heiligen Hieronymus von Löwen die Rede ist, die »Paulus aus Theben, den ersten Einsiedler, in der Wüste beerdigt haben«. Nur was im Leben einer Kultur eine wesentliche Rolle spielt, kann zum literarischen Topos werden. Ohne Wüste hätte man nicht nach dem Heiligen forschen, ohne Wüste sich keiner wahrhaften Prüfung unterziehen können, man hätte sich außerhalb der Wüste nie bis ins letzte kennenlernen können. Übrigens behauptet der heilige Hieronymus, Paulus aus Theben sei der erste Eremit gewesen, einer der ersten, die das soziale Phänomen des Einsiedlers in die Kultur eingeführt haben, jenen Menschen- und Schicksalstypus, der sich wesentlich über die Wüste definierte.

Der Islam kennt keine Einsiedler in der Wüste, obwohl es Versuchte in Hülle und Fülle gibt, besonders unter den Sufis. Eine wichtige Figur in der islamischen Literatur, die sich in der Wüste aufhält und untrennbar mit ihr verbunden ist, ist Madschnun, und dieser Name (»der Rasende«, »der Besessene«) verrät schon, daß ihn seine Kultur nicht als Vorbild betrachtet und ihn nicht in die Nähe der Heiligen gerückt hat. In *Tausendundeiner Nacht* erscheint die Wüste, wenn ich mich recht entsinne, außer in der Geschichte über die Stadt Irem, vor allem als dramaturgisches Mittel – in der Wüste z.B. raubten Beduinen Alauddin Abu-s-Samat aus und ermöglichten (motivierten) eine aufregende Schicksalswendung, in der Wüste bringt diese oder jene Figur eine gewisse Zeit zu, sagen wir, so lange, bis sie wirklich ausgezehrt ist und Mitleid erweckt, so daß die Wüste wieder auf ihre Rolle innerhalb der Dramaturgie beschränkt bleibt. Allein in der Geschichte über Irem, die Stadt der Säulen, geht die Bedeutung der Wüste weiter, ansonsten aber spielt sie in diesem unendlichen Buch eine völlig nebensächliche Rolle. Eigentlich nicht nebensächlich, es handelt sich nur darum, daß sie nicht groß in Erscheinung tritt.

Im Islam wie im Christentum ist die Wüste präsent, in beiden Kulturen evoziert sie eine Reihe von Bildern und spielt eine Rolle, aber die Art der Präsenz und ihre unterschiedlichen Funktionen haben einen völlig verschiedenen Sinn. Ein Vergleich der Wüste in beiden Religionen und kulturellen Traditionen könnte sicher wesentlich dazu beitragen, ihre gegenseitige Beziehung, das komplizierte und aufregende Spiel der Ähnlichkeiten und Unterschiede – ein Spiel, das verbindet und trennt – zu verstehen und konkret zu definieren. In meiner Stadt (Sarajevo) und in meinem Leben berühren sich die beiden Religionen und die mit ihnen verbundenen Traditionen, sie bestimmen die Natur der Stadt wie auch Form und Verlauf meines Lebens entscheidend mit. Kein Wunder, daß mich die Wüste angefressen hat, daß sie mich permanent beschäftigt – als Möglichkeit, die Beziehung der Kulturen, die mich entscheidend geprägt haben, besser und konkreter zu verstehen.

Wenn ich all das, was ich aus verschiedenen Quellen über das christliche Wüstenerlebnis erfahren habe, in ein prägnantes Bild bringen müßte, würde ich die Jakobsleiter nehmen. Erinnern Sie sich? Jakob lag auf einem Felsen (in der Wüste?), um sich auszuruhen; er schlief ein, und als er erwachte, sah er eine Leiter, die an seinen Felsen gelehnt war und in den Himmel ragte, eine endlose Leiter, die wahrscheinlich die Erde mit dem Himmel verband und auf der sich unzählige Engel in einer unvergleichlichen Geschwindigkeit hinauf und hinab bewegten. Dieses Bild entspricht ziemlich genau der Vorstellung von der Wüste im Christentum: die Leiter steht senkrecht an einer Stelle, sie hat natürlich verschiedene Stufen (im Einklang mit ihrer Natur als Leiter, würden die Philosophen sagen) und dient als Weg, verbindet also die verschiedenen

Stufen miteinander. Ich erinnere mich nicht, ob die Jakobsleiter nur die Erde oder auch die Unterwelt mit dem Himmel verbunden hat, ob sie also nur jene Seinsformen miteinander verbunden hat, die einen bestimmten Segen genießen (sagen wir, die Seinsformen vom Stein bis zum Engel), oder ob sie diese auch mit Formen verbunden hat, die durch Verdammnis gekennzeichnet sind (Dämonen, Teufel). Sollte die Jakobsleiter auch in die Unterwelt gereicht haben, ist die Metapher vollständig und genau, weil das Bild der Wüste im Christentum auch diese unterirdischen, niedrigsten Seinsformen einschließt.

In der Wüste predigte Johannes der Täufer die Ankunft Jesu, der Christus werden sollte, in der Wüste begegnete Jesus (den die Muslime Isa nennen) dem Leibhaftigen. In der Wüste wurde der heilige Antonius von Dämonen in Versuchung geführt, und Paulus aus Theben wurde von Löwen beweint und beerdigt, deren Herz gütig gewesen sein muß, um so etwas zu tun. Hier geraten das Niedrigste (die Dämonen, der Leibhaftige) und das Höchste (Jesus, der Christus sein wird) aneinander. So verbindet die Wüste wie die Jakobsleiter die verschiedenen Seinsstufen und macht sie und ihre Unterschiedlichkeit sichtbar – jedenfalls dem, der Augen hat zu sehen.

In die Wüste geht man, um sich und seinen Glauben zu prüfen, um den schlimmsten Bedrohungen standzuhalten und die höchste Glückseligkeit zu entdecken, finsterste Sinnlichkeit in sich zu wecken und sich durch Kontemplation zu den höchsten Sphären, die der Mensch erreichen oder erahnen kann, zu erheben. Die Wüste ist der Ort der Wunder, der Ort, an dem alles möglich ist. Hier läßt sich die Ordnung des Kosmos am besten begreifen, weil die Wüste sie in Frage stellt – die klare hierarchische Trennung, die Fixierung einzelner Seinsformen und -stufen, wie sie in der normalen Welt nur durch ein Wunder gestört werden kann, ist in der Wüste ohne Gültigkeit. Nur in der Wüste können sich Jesus und der Leibhaftige begegnen, nur in der Wüste kann letzterer (sein Namen sei ausgelöscht) ersteren in Versuchung führen, nur in der Wüste können Löwen auftauchen, die ein gutes Herz haben und deshalb das Heilige verstehen, Eremiten beerdigen und auf andere Weisen dem Glauben dienen. Nur in der Wüste können wir uns durch Kontemplation in die höchsten Sphären des Geistes erheben und gleichzeitig von den niedrigsten Leidenschaften des Körpers zerrissen werden, nur hier können wir mit dem geistigen Ohr der Musik der Sphären lauschen und uns im selben Augenblick besessen nach dem Leibhaftigen sehnen, der sich uns als schöne Frau präsentiert. Alles ist möglich in der Wüste, und wahrscheinlich ist deshalb die Wüste der Ort, an dem die Heiligkeit erlangt und auf die Probe gestellt wird.

Im Islam hat die Wüste diese Bedeutung nicht. Im Koran und in der Überlieferung ist sie ständig gegenwärtig, wird aber nirgends beschrieben und definiert; sie wird selten genannt, kaum je durch eine Metapher oder Metonymie ersetzt und bekommt keine Funktionen oder Eigenschaften zugeschrieben. Das Wüstenerlebnis in der islamischen Kultur würde ich gern als Erfahrung der reinen Gegenwart bezeichnen, müßte ich nicht befürchten, mißverstanden zu werden. Denn so ähnlich hat Thomas von Aquin an einer Stelle Gott definiert, und es wäre katastrophal, die Wüste in der islamischen Erfahrung mit der Gottesvorstellung in irgendeiner anderen mir bekannten Religion in Verbindung zu bringen.

Die Wüste im Islam ist stille, diskrete Gegenwart, die Objektivität selbst. In der islamischen Kultur funktioniert die Wüste oft als Bild, das einen Gedanken, eine Idee, ein abstraktes Phänomen klar sichtbar werden läßt, manchmal aber auch als Fundus von Bildern, die kaum verständliche und scheinbar in sich widersprüchliche Aussagen konkretisieren und sinnlich erfahrbar machen. Ist nicht z.B. in dem Bild, das die oben zitierte Aya (»...in den Horizonten und in ihnen selbst ...«) hervorruft, die Erfahrung der Wüste oder, wenn wir so wollen, »die Wüste als Grundlage des Bildes« so evident, daß der Einfluß dieser Erfahrung unmöglich zu übersehen ist? Nur wer das Meer überquert und sich in der Wüste aufgehalten hat, wird es selbstverständlich finden, daß der unter dem Himmel stehende Mensch den Mittelpunkt des »Horizontes« darstellt, nur die »Wüstenerfahrung« beschert ihm die konkrete, empirische Erkenntnis, daß der Mittelpunkt des Kreises und sein Rand (die Kreislinie) einander widerspiegeln, und nur so, auf der Grundlage der Wüstenerfahrung, können wir mit allen Sinnen erfassen, wie recht die Pythagoreer haben, wenn sie von einer wesensmäßigen Übereinstimmung des Menschen (Mikrokosmos) mit der Welt (Makrokosmos) sprechen.

In der islamischen Kultur erscheint die Wüste oft auch als sinnliche Vergegenwärtigung des Raums in seiner geometrischen Bedeutung – als kontinuierliche Unendlichkeit. Oder als Bild der Zeit, wie bereits erwähnt (und von mir unpräzise und stark vereinfachend dargestellt; schon der Koran thematisiert eine Reihe von Formen, in denen sich die Zeit manifestiert, so daß man nicht von der »Zeit schlechthin« im Koran sprechen kann). Oder als ein im realen Raum verwirklichtes Labyrinth, was ein hübsches Paradox sein könnte – Labyrinth als »Paroxysmus des geometrisch aufgefaßten Raums«, im realen Raum verwirklicht. Wohl deshalb hat der ins Paradox verliebte Borges geahnt, daß man die Wüste als absolutes Labyrinth verstehen kann, ein inspirierter und vermutlich wahrer Gedanke, wie sehr man auch berücksichtigen muß, daß

Borges nicht sehr gut über die islamische Kultur Bescheid wußte.

All das und noch mehr ist die Wüste in der islamischen Kultur, aber ein Ort der Wunder – das ist sie mit Sicherheit nicht. Und sie ist auch nicht der Ort, an dem alle möglichen Seinsformen zusammenkommen, aneinandergeraten, sich zu neuen Kombinationen verbinden und ihre Unterschiede demonstrieren. Vielleicht wäre eher das Gegenteil der Fall – die Wüste als Ort des Abfallens, des Verschwindens, des Leugnens. Die wundervolle Stadt Irem, die Stadt der Säulen, von Schaddad, dem Sohn von Ad dem Älteren, als irdische Version, als materielle Widerspiegelung des Paradieses erbaut, wurde von der Wüste mit Sand zugedeckt und verschluckt. Und zwar so gründlich, daß nur ein einsamer Eseltreiber, der auf der Suche nach seinem entlaufenen Vieh völlig in die Irre gegangen war, auf die Spuren der verschwundenen Stadt stieß, aber auf keine Menschenseele, die er hätte hinführen können, die bereit gewesen wäre, in die Wüste zu gehen, um dort einen Edelstein oder eine goldene Säule zu finden. Ähnlich verhält es sich mit den Menschen, die sich der Wüste völlig überlassen. So ist ein junger Mann für immer in die Wüste gegangen, weil er seine übermenschlich starke Liebe zu Leila in Gegenwart anderer nicht mehr hat ertragen können; er ist gegangen, um in der grenzenlose Weite die Größe seiner Liebe zu erkennen und unter dem hohen Himmel in schwärmerischen Versen seine Leila zu preisen, fern von den Menschen und ihrer Engherzigkeit. Dieser Jünger der Liebe wurde kein Heiliger und begründete kein Verhaltensmodell (z.B. das des Einsiedlers) – er wurde Madschnun (der Verrückte, Besessene, Wahnsinnige). Er wurde der berühmteste Liebhaber in der arabischen (oder sogar in der islamischen) Literatur, seine Leila und er wurden das berühmteste Liebespaar des islamischen

Orients, aber er war auch ein Unglücklicher, ein Abtrünniger, ein Verlierer. Insofern darf man annehmen, daß der Kreis der Bedeutungen, die das Bild der Wüste in der islamischen Kultur ausstrahlt, und der Kreis der Bedeutungen, den die Wüste bzw. die Vorstellung von der Wüste in der christlichen Tradition hervorgebracht hat, sich an keinem Punkt überschneiden.

Was dem Christentum die Wüste, das ist dem Islam der Garten. In der islamischen Kultur ist der Garten ein Ort der Wunder, der Garten ist eine Umgebung, in der alles möglich ist, der Garten ist ein aus dem Kontinuum des realen Raumes herausgehobener Ort. Die Metapher von der Jakobsleiter ließe sich auf das Bild des Gartens in der islamischen Kultur übertragen, denn im Garten sind nicht nur die Seinsformen vertreten, die »regulär« (in der realen Welt) existieren, sondern auch solche, die gewissermaßen davon abweichen, z. B. die Kombinationen zweier oder mehrerer Seinsformen. Im Garten können sich Wasser und Stein, Pflanze und Tier, der gute und der böse Dschinn (Dämon) begegnen und erleben. Im Garten trifft man versteinerte Menschen und Vögel, die nicht tot, sondern nur für unbestimmte Zeit aus dem Leben geschieden sind, Menschen in Fischgestalt und mit Buchstaben bewachsene Bäume. Im Garten sieht man Vögel, die Allah lobpreisen, und lauscht ihrem Lied, im Garten kann man sich im Schatten eines Baumes ausruhen, auf dessen Blättern einer der Namen Allahs geschrieben steht. Im Garten verwandelt sich der Bettler in einen Prinz, im Garten verliebt sich der Jüngling in eine Vogelprinzessin, die ihm in Gestalt eines wunderschönen Mädchens erscheint. Ich weiß nicht, wie die Kinder ausgesehen haben, die aus der Liebe zwischen der Vogelprinzessin und dem schönen jungen Mann hervorgegangen sind, die Geschichten beschäftigen sich nicht weiter mit ihnen, wenn sich ihre Liebesleidenschaft in eine Ehe verwandelt, woraus ich schließe, daß diese Ehen glücklich waren. Ich könnte mir *per analogiam* vorstellen, daß die Kinder einen Vogelkopf hatten, weil Ambroise Paré irgendwo behauptet, man habe »ein aus der Verbindung eines Ebers und eines Schafes hervorgegangenes Lamm mit Schweinskopf gesehen«; aber diese Analogie wirkt nicht sehr überzeugend, weil Ambroise Paré Rationalist ist und die Begegnungen und die Liebe der jungen Männer und der Vogelprinzessinnen untrennbar an den Garten gebunden sind, mit dem der Rationalismus nicht viel anfangen kann. Denn wie der Garten aus dem Kontinuum des realen Raumes herausgehoben ist, so ist auch das Schicksal der Gartenbewohner den Gesetzen der Kausalität entzogen.

Im Garten gibt man sich der Kontemplation hin und erliegt den sinnlichen Versuchungen, im Garten träumt man und entdeckt die Liebe, im Garten wird der Bettler zum König und umgekehrt, im Garten entdeckt man das Heilige und versöhnt sich mit dem Tod. Bet- und Wohnhäuser werden von Gärten umgeben (und zwar nicht nur die Häuser reicher Leute; der Garten ist unverzichtbarer Teil des Hauses), Ausflugsorte und Friedhöfe werden als Garten gestaltet, im Garten versammeln sich Gesellschaften, und im Garten überlassen wir uns der Einsamkeit. Es ist sicher kein Zufall, daß muslimische Friedhöfe als Gärten gestaltet sind (als Sonderfall eines Gartens, der zu den verbotenen, geschlossenen, abgegrenzten, für Uneingeweihte unzugänglichen Räumen – den Harems – gehört) –, denn wo, wenn nicht im Garten, kann man wirklich mit den Toten kommunizieren? Hier begegnen einander alle Seinsformen, und hier erscheint auch jene Form, die den Menschen nach dem irdischen Tod beschieden ist. Ist übrigens nicht gerade der Garten (der Paradiesgarten) die Belohnung, welche die wahrhaft Gläubigen in der anderen Welt erwartet, und ist nicht das Bild dieses Gartens eines der Zentren der islamischen

Kultur, eine jener Vorstellungen, die eine Gesellschaft wirklich integrieren und ihre Mitglieder immer wieder von neuem inspirieren?

Warum hat die islamische Kultur im Garten das erkannt, was die Wüste der christlichen Kultur geboten hat? Was sagt das über jede dieser Kulturen für sich, was über ihr wechselseitiges Verhältnis und was über ihre Vorstellungen von der Welt aus? Welche Schlüsse lassen sich aus diesen Topoi – Garten und Wüste – auf Grund dieser Tatsache ziehen? Wie verhalten sich der Ort, an dem die Offenbarung zum ersten Mal empfangen wurde, zu der Raumvorstellung einer Kultur und zu dem metaphorischen Ort, an dem alle in einer Kultur bekannten Seinsformen sich aneinanderreihen? Hat das etwas mit der Tatsache zu tun, daß das Christentum vom Rand her auf die Wüste schaut, der Islam aber von ihrem Herzen aus?

4

Der bosnische Franziskaner Mile Babić, Theologieprofessor in Sarajevo und mein Freund, hielt diese Erklärung für zu logisch, um wahr zu sein, vor allem weil sie nur auf den ersten Blick logisch ist. Ich habe natürlich meine Überzeugung verteidigt, daß doch irgendwelche Beziehungen bestehen müssen, weil die Landschaft und das Klima, die Vegetation und das Wasser, kurz – die Umgebung auch eine Form der Offenbarung sind oder zumindest in einer Beziehung zu ihr stehen. Es kann doch kein Zufall sein, daß der Engel Gabriel den Gesandten zum ersten Mal in der Höhle Hira auf dem Gipfel des Berges Nur ansprach und daß Moses die Gesetzestafeln in der Wüste Sinai empfing. Es kann doch kein Zufall sein, daß sowohl der Koran als auch das Evangelium einige der schönsten Wunder gerade

mit dem Fisch verbinden: Jesus, der mit fünf Fischen eine un-
überschaubare Menschenmenge speiste; der Fisch in der Sure
»Höhle«, den Moses und sein Begleiter Josua als Nahrung bei
sich hatten und auf einem Felsen ablegten, um sich auszuruhen, der Fisch jedoch durch die Nähe der oberen Wasser lebendig wurde und ins Meer flüchtete (XVIII, 60-82). Die Welt
müßte durchsichtig und bar jeder Form sein, wenn die
Umgebung jeder Bedeutung entbehren sollte. Natürlich ist das
nicht zufällig und bedeutungslos, antwortete Mile Babić —
sowohl die Höhle Hira auf dem Berg Nur als auch die Wüste
Sinai sind der Welt der Menschen entrückt, sie liegen jenseits
unserer Alltagserfahrungen und Wahrnehmungen, die viel zu
sehr von anderen Menschen bevölkert sind. Du kannst nicht
mit dem geistigen Auge die Schöpfung betrachten und über
ihre Formen und Gesetze nachdenken, wenn deine physischen
Augen vom Gesicht deiner Frau und dein Herz von der Angst
vor dem Direktor beherrscht sind, antwortete Babić. Das
erklärt aber noch nicht die Unterschiede, protestierte ich und
quälte meinen Freund weiter mit Weitschweifigkeiten über
den Garten und die Wüste, solange uns kein anderes Thema
von meinen Obsessionen befreite.

   Unsere Diskussionen brachten uns auf eine glänzende Idee:
eine Übersicht der für beide Religionen typischen Bilder zu
erstellen, jener Bilder, mit denen diese Religionen abstrakte
Ideen und Begriffe, die tiefgründigsten Inhalte und unaus-
sprechlichen Gedanken zur Anschauung bringen, Bilder, die
eine empirische (also vollständige und daher wertvolle)
Erkenntnis solcher Inhalte ermöglichen. Wüste, Wasser,
Obstbäume, Blumen, Tiere ... Welche Rolle spielt das Obst im
Islam und welche im Christentum? Wie wird das Obst in beiden Kulturen überhaupt wahrgenommen, welche Obstbäume
werden konkret erwähnt, wieviel wird über Obst und wieviel

über konkrete Früchte gesprochen, auf welchen konkreten Früchten basiert das Bild vom Obst als »Kategorie«? Olive und Öl bzw. Salbung – wie sieht welche der beiden Kulturen diesen Kreis der Grundtatsachen des menschlichen Lebens? Das Wasser und alles, was mit ihm verbunden ist, die Verhaltensweisen, die die Religion den Gläubigen im Hinblick auf das Wasser vorschreibt. Und so weiter.

Mit einer solchen Übersicht könnten wir die beiden Religionen komparativ verstehen und sie morphologisch, von innen her, vergleichen. Es wäre ein Vergleich zweier Weltbilder, ein Vergleich der Lebensformen und -inhalte, frei von jeder Ideologie, ohne Unterstellung und ohne Ausschließlichkeit, selbst ohne Absicht und Recht, das andere (den anderen) zu dementieren oder zu belehren.

Das geplante »Lexikon der typischen Bilder« ist natürlich nie zustande gekommen. Nicht nur weil uns ein solches Unternehmen überfordert hätte (technische Probleme diesen Typs sind nachgerade ein Grund, sich an die Verwirklichung eines Unternehmens zu machen), sondern auch weil wir gleich zu Beginn, noch während wir eine Liste der in unser »Lexikon« aufzunehmenden Bilder und der zu konsultierenden Personen anfertigten, bereits entdeckten, daß es sowohl in der einen als auch in der anderen Religion Bilder gibt, die ohne Äquivalent bleiben, so daß ein Vergleich gar nicht möglich ist.

Damit wurde mir auch ein zweiter literarischer Mißerfolg beschert, der mit dem am Anfang dieses langen Bekenntnisses zitierten Vers (Aya) zu tun hat: Die Beschäftigung mit diesem Vers hatte mich zu Garten und Wüste geführt, über die ich die ersehnte Phantasie nach dem Vorbild der *Versuchung des Heiligen Antonius* nicht niedergeschrieben habe, und Garten und Wüste wiederum zu einem »Lexikon der typischen Bilder«, das wir nicht verfaßt haben. Ob mich dieser Themen- und Fragenkomplex in Ruhe gelassen hätte, wenn es mir gelungen wäre, die geplanten Dinge zu tun, weiß ich nicht, ich bin aber geneigt zu glauben, daß mich diese Themen und Fragen gerade wegen meiner schriftstellerischen Mißerfolge weit mehr und häufiger verfolgen als früher.

Zum Glück haben sie mir auch während der systematischen Zerstörung Sarajevos keine Ruhe gelassen, während jener Zeit, als sich die Stadt, in der ich den größten Teil meines allzulangen Lebens verbracht habe, immer mehr in ein Symbol verwandelte. Mir ist klar, daß die meisten Leute meine Widerstände gegen Symbole und vor allem Metaphern nicht teilen. Andererseits weiß ich, daß in Zeiten des Manierismus wie heute, in denen die Kultur Komfort statt Fragen bietet, in Zeiten also, in denen die Wirklichkeit selbst radikal in Metaphern beschrieben wird (heute »fließt Blut« in der »Ersten Welt« nur an den Börsen, oft schlimmer als in der Wirklichkeit der »Dritten Welt«), daß in solchen Zeiten gegenüber Metaphern und Symbolen besondere Vorsicht geboten ist. Und wenn man in einer solchen Zeit die Stadt, in der Sie den größten Teil des Lebens verbracht haben, systematisch zu zerstören beginnt, wenn sozusagen der Schauplatz Ihres Lebens, wenn die Plätze, die Sie im Gedächtnis behalten haben und die Ihre Anwesenheit auf der Welt bezeugen, zu verschwinden beginnen, wenn Sie sich zu fragen beginnen, ob Sie das Leben, an das Sie sich erinnern, wirklich gelebt haben – in einem solchen Augenblick ist die Verwandlung Ihrer Stadt in ein Symbol zweifellos verhängnisvoll und unerträglich. Die Verteidigung der Erinnerungen an ganz konkrete Plätze und Begebenheiten, die Bestätigung, daß die Welt, in der Sie sich aufgehalten haben, real ist oder es zumindest war –, wird für Sie zur Grundvoraussetzung, um bei psychischer Gesundheit zu bleiben, weil sie Ihnen beweist, daß Sie tatsächlich erlebt

139

haben, woran Sie sich erinnern. Doch die Grundvoraussetzung, um dem Erlebten und der Erinnerung zu vertrauen, ist natürlich, daß Sie Ihr Leben in der Wirklichkeit und nicht in einem Symbol zugebracht haben. Und deshalb rekonstruieren Sie mit einer fast manischen Präzision die Straße, auf der Sie zur Arbeit gegangen sind, die Bank, auf der Sie zum erstenmal ein Mädchen geküßt haben, die Kneipe, in der Sie Ihre Studienerfolge gefeiert und sich über Ihre Mißerfolge hinweggetröstet haben ... Sie rekonstruieren Begegnungen und Gespräche mit Menschen »anderer Religion und Nationalität«, mit denen Sie Ihr Leben zugebracht haben, und jetzt werden Sie in ihrem Namen umgebracht (auch sie, auch diese Leute, nicht nur Sie) ...

Es ist schrecklich, weil Ihre Erinnerungen von Tag zu Tag blasser, Ihre Rekonstruktionen der erinnerten Wirklichkeit immer unzuverlässiger werden. Irgendwann sind Sie dann nicht mehr imstande, zu beschwören, daß ein Mann neben der Nase und nicht neben dem Ohr eine Warze hatte, Sie sind nicht mehr imstande, sich zu erinnern, ob die Bank grün war oder diesen gräßlichen Pinkton hatte, in dem wahrscheinlich in zehn Jahren die ganze Welt angemalt sein wird ... Die Welt, an die Sie sich erinnert haben, verblaßt, wenn die Farben und Formen nicht mit Sinn, mit Bedeutungen, mit einer Handlung, mit Begebenheiten, die Ihnen etwas bedeutet haben, verbunden sind. (Wer einmal mit seriösen Schauspielern zu tun gehabt hat, versteht das sofort: der Schauspieler behält seinen Text problemlos, wenn er ihn mit einer Handlung verbindet, und deshalb kann Ihnen ein guter Schauspieler viel mehr über die Handlung erzählen als über den Charakter der Gestalt, die er spielt.)

Und dann kehren Sie den Prozeß um und fangen an, aus dem Inneren das Äußere abzuleiten, aus Sinn und Bedeutung Dinge und Ereignisse, Formen und Farben abzuleiten und zu rekonstruieren. Den Teufel werden Sie tun und umgekehrt anfangen! Es kehrt sich von selbst um und fängt von selbst an, Ihre Verzweiflung kehrt um und fängt an! So ist es auch mir passiert, und diese Auffrischung der Erinnerung aus dem Sinn, dieses Rekonstruieren des Äußeren aus dem Inneren begann mit meiner alten Obsession – mit der Beziehung zwischen den Sprachen der Menschen und der Sprache der Mutter der Schrift und mit jenem Meer von Fragen, das daraus hervorgegangen ist; mit dem Garten und der Wüste, mit diesem ganzen Themenkomplex, der mir immer wieder von neuem in den Sinn kommt, und ich glaube, er kommt mir wegen meiner Unfähigkeit, ihn aufzuschreiben, so beharrlich und so oft in den Sinn. Gerade die Beschäftigung mit den Bildern des Gartens und der Wüste in den beiden Religionen und Kulturen, die so entscheidend das Gesicht und die Natur Sarajevos geprägt haben, hat mir dabei geholfen, in meinem Gedächtnis – bis ins kleinste Detail und äußerst konkret – den Stadtpark von Sarajevo wiedererstehen zu lassen, einen Ort, den ich, solange es möglich war, gern und ziemlich regelmäßig besucht habe und der mir daher als Beweis, daß ich das, woran ich mich erinnere, wirklich erlebt habe, viel bedeutet, ein Ort, der die Bilder des Gartens und der Wüste in den beiden Kulturen aufs wunderbarste kombiniert, ohne deren Berührungen man sich Sarajevo, wie ich es in Erinnerung habe, nicht vorstellen könnte.

5

In der türkisch-österreichisch geprägten Altstadt von Sarajevo
gibt es ein Dutzend und in den neuen Stadtvierteln eine mir
unbekannte Zahl von Parks. Jeder Park in der Altstadt hat zwei
Namen – einen offiziellen und einen »wirklichen«, den die
Bewohner verwenden, um den Ort zu benennen, den sie als
den ihren empfinden. Die inoffiziellen Namen der Parks von
Sarajevo (das gleiche gilt für die Straßen, Plätze, Denkmäler,
berühmten Bauwerke) bezeichne ich als wirklich, weil ich
glaube, daß sie richtiger oder zumindest dem Alltagsleben der
Stadt näherkommen als die offiziellen: offizielle Namen sind
»nominalistisch«, sie werden von der Obrigkeit verliehen, um
das gewünschte Bild einer Zeit zu erzeugen (im doppelten
Sinne – das Bild von der historischen Vergangenheit und das
Bild vom aktuellen Augenblick), um also eine gewünschte,
projizierte und seitens der Obrigkeit konzipierte Realität herzustellen; demgegenüber sind die inoffiziellen Namen »reali-
stisch«, sie sind aus der gegebenen Wirklichkeit bzw. aus der
Natur des Parks im weitesten Sinne abgeleitet, so daß sie keine
konzipierte (gewünschte, von der Obrigkeit bestellte oder von
ihr erdachte) Realität produzieren, sondern die existierenden,
in der gegebenen Realität anzutreffenden Tatsachen und Beziehungen ausdrücken.

Wenn Sie jemandem in Sarajevo sagen, Sie gingen zum Kino
Partizan, wird er Sie sofort verstehen, weil Sie einen markan-
ten Ort genannt haben, der sich in nächster Nähe zum Park
befindet, in den Sie gehen, aber es wird Sie kaum einer verstehen, wenn Sie ihm mitteilen, Sie gingen in den Park Vasa
Pelagić, weil besagter Herr Pelagić mit dem Park, in den Sie
gehen, wirklich nichts zu tun und ihn vermutlich nie betreten
hat. Oder wenn Sie jemandem vorschlagen, sich im At-mej-

dan-Park zu treffen, wird er wissen, daß Sie an den Ort denken, der früher einmal ein Pferdemarkt war und heute eine
angenehme Parkanlage ist. Daß die Obrigkeit irgendwann
beschloß, daß Pferde keinen Park verdienen, weil sie mit
Wissenschaft und Fortschritt nichts zu tun haben, und diesem
Ort einen neuen, mir nicht bekannten Namen gab, vermochte
die Erinnerung an den Ort selbst und die Erinnerung der
Bürger, in der der Name At-mejdan bis heute registriert ist,
nicht auszulöschen. Oder wenn Sie sagen, daß Sie auf den
Alifakovac gehen, wird der andere, genau wie Sie, einen der
ältesten und schönsten muslimischen Friedhöfe vor sich sehen,
die in der Regel wie Gärten angelegt sind, grasbedeckt, mit
ein paar Blumen und weißen Grabsteinen, die aussehen wie
Blumen. (Ich habe nicht einmal ein Argument für meine
Ansicht, aber ich bin zutiefst davon überzeugt, daß in etwa so,
ähnlich wie der Alifakovac, ein von Andrea Palladio gestalteter
Garten oder Park hätte aussehen müssen.) Ich weiß nicht, ob
der Alifakovac einen offiziellen Namen hat, aber ich weiß, daß
selbst der, der ihm diesen Namen – so es ihn gibt – verliehen
hat, diesen wunderschönen Ort nur als Alifakovac kennt.

Der einzige Park in Sarajevo, über dessen Namen sich die
Bürger und die Obrigkeit völlig einig sind, ist der im Stadt-
zentrum, gegenüber der Ali-Paša-Moschee und dem Präsidium
der Republik gelegene, den die Obrigkeit Stadtpark nannte
und die Bürger schlicht Park. Das ist zweifellos der einzige
Park, dessen offizieller und wirklicher Name fast zusammen-
fallen, so daß jeder weiß, wohin Sie gehen, wenn Sie ihm sagen,
daß Sie in den Park gehen, und er wird Sie selbst dann verstehen, wenn Sie sagen, Sie gingen in den Stadtpark. Weil das
schlicht der Park ist – für die Obrigkeit und für die Menschen,
für alt und für jung, für alle und jeden in Sarajevo ist das der
einzige Ort, der Park heißt.

Der Park, eine unregelmäßig elliptische sogenannte »Grün-
fläche«, wird im Osten durch die Maršal-Tito-Straße, von
Norden und Süden durch die Djuro-Djaković- und die König-
Tomislav-Straße und im Nordwesten, wenn ich mich recht
entsinne, durch die Daniel-Ozmo- und Mustafa-Golubić-
Straße begrenzt. Diese Ellipse ist an ihrer Längsachse auf
natürliche Weise geteilt: eine Hälfte ist flach und liegt auf der
Höhe der Tito-Straße, die zweite Hälfte ist ein Hügel, der von
der Längsachse aus zum Haus der Miliz und zur Daniel-
Ozmo-Straße ansteigt. Um es zu wiederholen: über die Mitte
der Ellipse erstreckt sich, buchstäblich als beschriebe er ihre
Längsachse, ein Hang, der den unteren Teil des Parks — eine
enge Ebene auf der Höhe der Tito-Straße — vom oberen Teil
des Parks trennt, der eigentlich ein Hügel ist und sich etwa
zehn Meter über die Tito-Straße und den unteren Teil des
Parks erhebt. Diese Zweiteilung des Parks wird von seiner
inneren Anlage unterstrichen, und zwar so stark und so offensichtlich, als wollte man damit auf die natürliche Aufteilung
und die dramatische Spaltung der beiden Teile aufmerksam
machen.

Der untere Teil des Parks, der flache, auf der Höhe der Tito-
Straße liegende, ist wie ein typischer mitteleuropäischer Park
angelegt – mit Bänken, einem Springbrunnen in der Mitte, mit
einem aus geometrischen Mustern gestalteten Blumengarten,
Sandwegen, die auch wieder geometrisch angeordnet sind.
Der halbkreisförmige Blumengarten neben dem Springbrunnen ist in gleichmäßige Abschnitte von der Form gleich-
seitiger Dreiecke eingeteilt, und jeder dieser dreieckigen
Abschnitte ist mit je einer Blumensorte bepflanzt, so daß aus
dem Springbrunnen gelbe und violette, rote und blaue gleichseitige Dreiecke »hervorsehen«, als wären sie in ein Geo-
metriebuch gezeichnet. Und der Blumengarten als Ganzes

sieht in dieser Aufteilung und halbkreisförmigen Anlage wie ein schöner bunter Fächer aus.

Im ganzen gesehen ist dieser Teil des Parks in hohem Maße stilisiert und nach einem geometrischen, ausgesprochen »unnatürlichen« oder sogar »widernatürlichen« Konzept gestaltet. Man könnte ihn relativ präzise als »kultivierte Natur« oder, noch besser, als «manieristisch verkünstelte Natur« beschreiben, ganz im Einklang mit dem mitteleuropäischen Modell eines Parks, wie es definitiv im 16. und 17. Jahrhundert in der Epoche des Manierismus geschaffen wurde, der sich grundsätzlich weigert, die natürliche Notwendigkeit oder die Natürlichkeit (die natürliche Logik) mit gutem Geschmack zu verbinden. Schön ist nur, was ein Konzept als Geistesprodukt ausdrückt, wobei dieses Konzept natürlich »das Material überstrapazieren«, von der Natur Abstand nehmen und sich ihr entgegensetzen muß, jede Form und auch das Material selbst, in dem die Form realisiert wird, zur Überwindung ihrer ursprünglichen Natur führen muß. Wie die manieristische Kunst bestrebt ist, bei der Skulptur den Marmor zum Fließen zu bringen und in der Literatur die Sprache in eine Reihe von Metaphern zu verwandeln, will der manieristische Park durch und durch verkünstelte Natur sein, nicht weniger stilisiert als ein dekadentes Kunstwerk – Natur, als ihr eigenes Gegenteil gestaltet: Wasser, das nach oben fließt, Wege, die eine geometrische Figur formen, Blumen, die gleichseitige Dreiecke bilden, und Blumendreiecke, die einen Fächer ergeben.

Kann man all das auch als »wohlerzogene Natur« bezeichnen, oder darf man behaupten, daß eine solche »Natur« im Einklang mit der mitteleuropäischen Welterfahrung steht, in der Spontaneität, Natürlichkeit, unerbittliche und offene Ehrlichkeit nicht immer als Tugenden erlebt werden? Der bosnischen Welterfahrung entspricht das jedenfalls völlig: die »wohlerzogene Natur« paßt zu einer sozialen Umgebung, der man Verschweigen und die Suche nach euphemistischen Formulierungen statt direkter und ehrlicher Rede vorwirft.

Sicher vereinfache ich, und sicher erlaube ich mir überzogene Verallgemeinerungen, wenn ich diese mitteleuropäische Vorliebe für den »manieristischen Park« mit dem komplizierten (multireligiösen, multikulturellen, multiethnischen) sozialen Kosmos Mitteleuropas in Verbindung bringe, doch bin ich zutiefst davon überzeugt, daß diese deutlich ausgeprägte Vorliebe und ihre lange Dauer kein Zufall sind. Ich gebe zu, daß ich nicht in die Kunst der Parkarchitektur eingeweiht bin, aber das bißchen Ahnung, das ich von dieser edlen Kunst habe, bringt mich auf den Gedanken, daß die Vorliebe für den manieristisch gestalteten Park in der westlichen Hemisphäre nirgends so stark ausgeprägt ist wie in Mitteleuropa, wo man eine »Grünfläche« ohne manieristische Elemente (zur Geometrie neigende Blumen, nach oben fließendes Wasser, zu regelmäßigen Kugeln geformte Bäume) übrigens auch gar nicht als Park betrachtet. Zwischen dieser betonten Liebe zur »wohlerzogenen Natur« des Parks und der komplizierten kulturellen Struktur Mitteleuropas muß es eine Beziehung geben, wie indirekt auch immer. Ich sage nicht, daß sich diese beiden Tatsachen gegenseitig bedingen oder daß die eine die Folge der anderen ist oder daß man die eine durch die andere erklären könnte; es fällt mir z.B. nicht ein zu behaupten, daß der manieristische Parktyp in Mitteleuropa wegen der Mischung der Sprachen und Kulturen in diesem Raum populär wäre oder daß man diese Mischung aus dem manieristischen Parktyp verstehen könnte. Natürlich würde ich so etwas nicht einmal im Wahn behaupten, aber ich glaube, daß es einen Zusammenhang zwischen diesen beiden Tatsachen zumindest insoweit gibt, als sie sich gegenseitig kommentieren und widerspiegeln und auf zwei verschiedenen Ebenen eine Grundstruktur in der mitteleuropäischen Welterfahrung zeigen.

Sie können nämlich nicht ernsthaft einen romantischen Kult der Natur, der Spontaneität, der Ehrlichkeit, der Ursprünglichkeit in einer Umgebung pflegen und praktizieren, in der Sie buchstäblich jede Erfahrung davon überzeugt, daß erst die Überwindung dieser Rousseau'schen Heiligtümer durch Kultur, Erziehung, Selbstkontrolle die Existenz einer solchen Umgebung wie der mitteleuropäischen begründen und sichern kann. Ehrlich und spontan, ganz im Einklang mit der Natur, können und müssen Sie Ihrem Nächsten die Gurgel durchbeißen, wenn er sie belästigt und die widernatürliche Neigung an den Tag legt, sich wesentlich von Ihnen zu unterscheiden. Wie Sie auch, ganz ursprünglich, archaisch und auch wieder natürlich, das Bedürfnis verspüren müssen, das Volk, die Kultur und die Religion, die nicht die Ihren sind, aus der Welt zu schaffen. Doch im sozialen Ambiente Mitteleuropas, in dem sich auf dem engen Raum einer Stadt drei, vier Religionen, einige Ethnien und einige kulturelle Paradigmen vermischen, ist die Grundvoraussetzung für das Bestehen und Funktionieren der Gesellschaft – eine »gute Erziehung«, also die Gewohnheit und das instinktive Bedürfnis, die »natürlichen Gegebenheiten« durch Geist, Kultur und Freiheit des Willens zu überwinden. Die Natur ist eine Notwendigkeit, man kann ihr nicht ausweichen und sie umgehen, so soll es auch sein, Gott sei Dank ist sie da; aber lassen Sie uns diese Natur kultivieren, regulieren, sie ins Reich des Geistes, des Willens, der Freiheit erheben, damit wir uns vor meiner wie vor Ihrer Natur (Spontaneität usw.) schützen und ein gutes Funktionieren unserer Gesellschaft (einer Gemeinschaft, zu der wir verurteilt sind oder die wir uns selbst ausgesucht haben) gewährleisten. So ist es mit unserer, der menschlichen Natur, so ist es mit Wasser und Bäumen, so wäre es auch mit den Winden, wenn wir Einfluß auf sie hätten.

Jetzt, da ich all das niedergeschrieben habe, sehe ich ein, daß ich skandalös vereinfache. Alle meine Behauptungen sind zu logisch und zu offensichtlich, um wahr zu sein, würde Mile Babić sagen. Bei aller Skepsis – ich bin nicht bereit, ganz von meiner Vermutung abzugehen, daß es eine Beziehung zwischen der Struktur der mitteleuropäischen Gesellschaften und der mitteleuropäischen Parkkultur gibt. Mag es für dieses Gespräch auch nicht von Bedeutung sein, hier ist wesentlich, daß ein typischer mitteleuropäischer Park genau wie der »untere«, flache Teil des Stadtparks von Sarajevo aussieht, daß dieser Teil unseres Parks zweifellos ein Stück Mitteleuropa in Sarajevo ist und daß er funktioniert hat, wie solche Parks eben funktionieren – als sozialer Raum par excellence.

Mit »sozialer Raum par excellence« meine ich einen Raum, der so funktioniert, wie in der altgriechischen Stadt der Markt, im pikarischen Roman der Gasthof und im realistischen europäischen Roman des neunzehnten Jahrhunderts die Kneipe (das Hotel) funktioniert hat. Ein Raum, in dem sich Menschen aus weit entfernten sozialen Gruppen treffen und miteinander kommunizieren, Menschen, die sich außerhalb dieser Knotenpunkte nicht treffen könnten und sich auch nicht treffen würden, wenn sie sich nicht zufällig im selben Augenblick an so einem Ort eingefunden hätten. Ein Raum, der eine Gesellschaft integriert und in dem die Gesellschaft ihre Vollständigkeit, ihre »Eingebundenheit«, die Beziehungen zwischen den einzelnen Gruppen, Gesellschaftsschichten und den Individuen verwirklicht und manifestiert. So ein Raum war in der mittelalterlichen (streng hierarchisierten) Gesellschaft in gewissem Maße die Kirche, wo der Geistliche, der Alchimist und der Ritter, der König, der Leibeigene und der Pilger, der Müller, Landbesitzer und Schmied zwar nicht miteinander gesprochen haben, aber beieinander waren. Diese geteilte Gegenwart ist überhaupt die höchstmögliche Integrationsstufe in einer Gesellschaft, deren vertikale Einteilung in Schichten wie ein Reflex der vertikalen Struktur der Welt und der Existenz selbst erscheint. Außerhalb der Kirche hätten sie sozusagen nicht voneinander wissen können. In der heutigen Stadt wären diese Räume Sportstadien und Tageszeitungen, die den Mitgliedern einer Gesellschaft ihre Zugehörigkeiten vermitteln und die Abwesenheit von Gesellschaft ersetzen (Fans eines Fußballclubs, Leser einer bestimmten Zeitung).

Auf den Bänken neben dem Blumengarten und dem Springbrunnen im Stadtpark von Sarajevo konnten Sie Gespräche hören zwischen einem Studenten der Veterinärmedizin und einem pensionierten Straßenbahnfahrer, einer Schauspielerin und einer jungen Mutter, deren Beruf Sie auf Grund des belauschten Gesprächs nicht erraten können, wohl aber ihre musikalischen Vorlieben und ihren sozialen Status. Auf diesen Bänken las man Zeitung und ruhte sich von den Einkäufen aus, hier versuchte man die Frühlings- oder Herbstsonne auszunutzen, wenn an der Heizung gespart werden mußte, hier schlug man im Gespräch mit Leuten, die man eben erst kennengelernt hatte, auf angenehme Weise die Zeit tot, hier kommentierte man mit wildfremden Leuten die Fußballergebnisse oder trauerte den guten alten Zeiten nach. Der flache Teil des Parks von Sarajevo war, kurz gesagt, der Ort, an dem sich verschiedene Personen einer Gemeinschaft (in diesem Fall – Personen einer Stadt) zeigen, der Ort, an dem sich immer wieder aufs neue eine wirkliche Integration dieser Gemeinschaft als Möglichkeit andeutet, und immer wieder aufs neue erweist sich diese Integration als etwas Wünschenswertes und zum

Glück nicht Realisierbares. Dieser Teil des Parks von Sarajevo bot jeden Tag aufs neue einen Querschnitt durch die soziale Struktur der Stadt, wie man es von »öffentlichen sozialen Räumen« auch erwarten darf. So wie es in den alten Romanen, um es zu wiederholen, die Kneipen und Gasthöfe, in den antiken Städten die Märkte, in den Städten der islamischen Welt die Basare, Plätze und Herbergen geleistet haben. Ein Raum der temporären sozialen Integration, die die innere Differenziertheit der Gemeinschaft nicht in Frage stellt.

Der untere flache Teil des Parks funktionierte also ähnlich, wie im Christentum die Gärten offenen Typs (und eben auch die Parks) funktionieren und wie, aus der sozialen Perspektive betrachtet, im Islam die Wüste funktionieren würde: in der Wüste können Sie Angehörige aller Schichten der islamischen Gesellschaft treffen, mit ihnen sprechen und wieder auseinandergehen, ohne daß die Begegnung und das Gespräch die Unterschiede zwischen ihnen in Frage stellt. Aber man sollte es mit den Parallelen nicht übertreiben – die Wüste ist in der islamischen Welt kein Ort der sozialen Integration, und niemand wäre auf die Idee gekommen, sie so zu betrachten. Doch der untere Teil des Parks von Sarajevo ist ein Ort der sozialen Integration der Stadt wie alle Parks (Gärten) in den Gesellschaften des europäischen Westens.

Jener höher gelegene Teil, der auf die Daniel-Ozmo-Straße und das Haus der Miliz zuläuft, ist eigentlich ein Harem, ein alter muslimischer Friedhof (*mezarluk*), auf dem schon lange niemand mehr beerdigt wird. Dieser Hügel ist so gut wie unkultiviert, fast »reine Natur« mit frei wachsenden Bäumen und Sträuchern, ohne Blumen und Wege, mit ungepflegtem Rasen (wenn es Wasser gäbe, könnte man versucht sein, diesen Hügel mit einem englischen Park zu vergleichen, aber so, ohne Wasser, ist dieser Vergleich wenig überzeugend). Die einzige

Spur menschlicher Gegenwart sind muslimische Grabsteine, wahrscheinlich das einzig Sichtbare, wodurch sich dieser Teil des Parks von der »reinen Natur« abhebt und sich der »Kultur« nähert.

Hier können Sie keine Gespräche belauschen, die unbekannte Leute auf der Nachbarbank führen, denn hier gibt es keine Nachbarbänke, es gibt überhaupt keine Bänke. In diesem Teil des Parks können Sie keinen einsamen Spaziergänger treffen und mit ihm ein paar Bemerkungen über das Wetter und die Preise wechseln, weil es hier keine müßigen Spaziergänger und auch keine Spazierwege gibt. Hier können Sie keine Bekanntschaften schließen oder mit einem Unbekannten sprechen, weil es hier keine gesprächsbereiten Leute gibt, weil es keine Leute gibt, die sich ausruhen, die »Zeit totschlagen« oder an der Heizung sparen. Hier gibt es im übrigen weder Herbst- noch Frühlingssonne, an der man sich nach Eidechsenart etwas aufwärmen könnte, hier herrscht Schatten, weil die Bäume ziemlich dicht wachsen.

Aber Sie werden auch in diesem Teil des Parks Leute sehen, wenn Sie bereit sind, dort zu gehen, wo keine Wege sind, und indiskret genug, nicht den Plätzen auszuweichen, wo sich junge Leute küssen (manchmal widmen sie sich der Liebe auch umfassender) und wo die älteren Ruhe und Einsamkeit suchen. Selten zwar, ausgesprochen selten, aber es kommt durchaus vor, können Sie hier außer jungen Paaren auch einmal einem einsamen älteren Menschen begegnen, der an einem Grab stehengeblieben ist, um für einen entfernten Vorfahren ein leises Gebet zu sprechen, vielleicht aber auch für einen Unbekannten, für den man schon deshalb beten muß, weil er tot ist. Auf jeden Fall können Sie hier Menschen begegnen, die sich selbst genug sind, so daß Sie zum Eindringling, Quälgeist oder Störenfried werden, sollten Sie jemanden ansprechen. Hier kommuniziert man tiefgründiger und ehrlicher, als es im Gespräch möglich ist, hier kommuniziert man durch Berührung, Liebe und Gebet. Hier kommuniziert man mit den Mitteln, durch die wir das Wunder der Sprache an sich, der Sprache der Mutter der Schrift, erahnen können (vielleicht können wir es?), jenes Wunder, das uns vorenthalten bleibt, weil wir Menschen sind. Unsere Menschensprache dient unter anderem dem Lügen, in unserer Sprache spricht man, um zu verbergen, daß man nichts denkt, oder um zu verbergen, was man wirklich denkt; in dieser Sprache wird nicht gesprochen, wenn man etwas fühlt, denn die Sprache verfehlt wesentlich das Gefühl. Mit der Berührung, der Liebe und dem Gebet verhält es sich anders, sie sind unmittelbar und real, darin kann man nicht lügen und nichts verbergen, darin kann man nicht die Existenz von etwas behaupten, das es nicht gibt. Und so verhält es sich auch mit der Sprache der Mutter der Schrift, wenigstens wollte ich, daß es so wäre, und wenn ich mich bemühe, etwas von dieser Sprache zu erahnen, wenn ich sie mir vorzustellen versuche, glaube ich, daß es so ist. Eine Sprache, die eine spezifische Wirklichkeit ausspricht und enthüllt, eine Sprache, in der man nicht lügen kann, eine Sprache, die nicht ersetzt, sondern zeigt und aussagt. Wie Berührung, Liebe, Gebet, nur besser, viel besser.

Wenn Sie sich im Park von Sarajevo eingefunden haben, dann bleiben Sie im unteren, flachen Teil. In den oberen Teil, auf den Hügel, sollten Sie nur gehen, wenn Sie zum Alleinsein bereit sind und fremde Einsamkeit achten. Der Aufstieg, das Betreten des oberen Teils des Parks ist der Eintritt in einen Harem, sie geraten unter Leute, die sich in ihrer Einsamkeit an einen Abwesenden wenden – z.B. an den, der in dem Grab beerdigt ist, neben dem man steht, oder an den noch Ungeborenen, den Sie herbeirufen, den Sie ansprechen, wenn

Sie sich an die geliebte Frau schmiegen. Aber auch die, denen nicht nach den Abwesenden ist, die Paare, die noch immer dabei sind sich kennenzulernen oder einander mit jedem Blick und jeder Berührung aufs neue entdecken – auch sie widmen sich nur sich selbst, sind nur mit sich selbst beschäftigt, sie decken mit ihrer Berührung und Liebe eine Wirklichkeit auf, die gegenwärtiger ist als das, was Sie mit Ihren Menschenaugen sehen, eine Wirklichkeit, die für Sie abwesend und unsichtbar ist. Deshalb sprechen Sie sie auch nicht an, gehen Sie vorbei, als sähen Sie sie nicht, als wären Sie gar nicht da.

Der obere Teil des Parks ist ein paradoxer Raum – sozial, weil öffentlich und frei zugänglich, zugleich extrem geschlossen, intim, vom kontinuierlich mechanischen Raum der äußerlichen Wirklichkeit abgetrennt, weil es der Raum jener Kommunikationsformen ist, die zu tief und zu persönlich sind, als daß sie dem wahren sozialen Raum gemäß wären. Kommunikation in diesem Raum ist Austausch und Aneignung ureigenster Erfahrungen, Austausch persönlichster Energien, Übergang oder zumindest der Versuch überzugehen (die Vorbereitung des Versuchs) in andere, vielleicht bessere Seinsformen. Auf jeden Fall ist sie die Entdeckung jener Wesensschichten, die nur durch das Gebet, die Berührung, ein gutes Gedicht oder auf ähnliche Art ausgesprochen werden können. Deshalb könnte man auf die Idee kommen, daß der obere Teil des Parks paradox ist, paradox wie ein Gotteshaus und wie die Kunst – ein Raum, der offen sein muß, damit er dem Allerinnersten, Geschlossenen, Einzelnen und Besonderen geweiht sein kann.

Im oberen Teil des Parks können Sie, wie ich sagte, junge Paare treffen, die so sehr mit sich selbst beschäftigt sind, daß sie den Rest der Welt ausschließen, alte einsame Menschen, die dieser Welt nichts mehr zu sagen haben und statt dessen zur jenseitigen sprechen, oder manchen Sonderling, wie Sie selbst einer sind, wenn Sie dort oben herumstreichen, an dem Sie vorbeigehen ohne jedes Erkennungszeichen, wie zwei Einsame aneinander vorbeigehen. Das alles spielt sich in Gegenwart der Grabsteine ab, die Ihnen auffallen müssen, wenn Sie dort sind, es spielt sich in der unsichtbaren, aber realen Gegenwart derjenigen ab, denen diese Steine gewidmet sind, und durchaus auch in Gegenwart jener Unsichtbaren, noch Ungeborenen, die gerade eben durch die Berührung zweier junger Leute im oder hinter dem Gebüsch aus der Abwesenheit herbeigerufen werden. Und das macht diesen Parkteil aus: hier ist die Gegenwart der Ungeborenen und der längst Verstorbenen intensiv und real, zumindest so real wie die Gegenwart der »aktuell Lebenden«; hier wird mit den Abwesenden (eigentlich mit den diskret Anwesenden, mit denen, die man nicht sieht, aber spürt und versteht, von denen man durch die Grabsteine oder durch die Seufzer weiß, durch die mir zwei junge Menschen unabsichtlich von sich und ihrer Beschäftigung Mitteilung machen), hier wird, sagte ich, mit den diskret Anwesenden viel besser und substantieller kommuniziert als mit denen, die Sie sehen, treffen und an denen Sie mit dem einzigen Wunsch vorbeigehen – Sie zu übersehen und von ihnen übersehen zu werden.

In diesem Teil des Parks können Sie mit Sträuchern und Bäumen, mit Gras und Stein, mit toten und künftigen Menschen, mit sich selbst und mit jemandem aus Ihrer Erinnerung sprechen... Was Ihnen hier mit Sicherheit nicht passieren kann, ist, sich normal, angenehm und freundlich mit jemandem über so alltägliche Dinge wie die zu kleine Rente oder Fußball zu unterhalten. Hier sind eben jene Begegnungen und Gespräche unmöglich, die im unteren, flachen Teil des Parks die einzig möglichen sind.

6

Der Park von Sarajevo ist als Ellipse angelegt, und wie jede Ellipse, die in der Realität verwirklicht wird, hat er nicht nur zwei geometrische, sondern auch zwei semantische Mittelpunkte, die sich decken können, aber nicht müssen. Der geometrische Mittelpunkt des unteren Parkteils könnte der erwähnte Springbrunnen sein; der semantische Mittelpunkt, der Ort also, um den sich Funktion und Bedeutung eines Raums konzentrieren, die Bänke und Wege um den Blumengarten.

Der eine der beiden semantischen Mittelpunkte unserer Ellipse wäre dann die Stelle, an der sich die soziale Struktur der Stadt konzentriert, an der sie erkannt und mit einem Blick erfaßt werden kann, der Ort, an dem die Stadt als Gemeinschaft, als soziale Tatsache bestätigt und realisiert wird. Dadurch funktioniert der Park wie ein Spiegel der Stadt Sarajevo, d.h., wie einer der Spiegel, die bestätigen, daß die Sarajlijer, die Bewohner von Sarajevo, alle zusammen eine Gemeinschaft konstituieren, wie lose, unsicher, unsichtbar sie auch sei.

Der zweite geometrische Mittelpunkt läßt sich schwerer bestimmen, jedenfalls müßte er irgendwo auf dem Hügel, im oberen Teil des Parks liegen, jenem Teil, der zugleich semantischer Brennpunkt ist und wo sich »andere Fragen« und »andere Personen der Stadt« sammeln, wo Sie Menschen begegnen, die auf andere Art existieren, weshalb Sie mit ihnen auch auf eine andere Art kommunizieren. In diesem zweiten Mittelpunkt spiegeln und erkennen sich jene Personen der Stadt, die wir spüren, aber nicht sehen, hier haben Sie Gelegenheit, mit Bewohnern zu sprechen, die vor langer Zeit existiert haben, und mit anderen, die erst noch existieren werden. Hier treffen die Personen der Stadt aus verschiedenen Zeiten aufeinander und projizieren sich ineinander.

In dem einen Mittelpunkt (dem unteren) konzentriert sich das, was die Stadt in diesem Augenblick konstituiert, und dementsprechend ist der untere, flache Teil des Parks zugleich eine Projektion der Stadt in ihrer synchronen Existenz und Lebensart, ein Prisma, in dem sich alles bricht, was im sozialen Raum der Stadt existiert und heute Gegenwart ist.

Im zweiten Mittelpunkt, im oberen Teil des Parks, sammeln sich verschiedene Augenblicke, verschiedene Zeiten der Stadt, und dementsprechend ist er ihre diachrone Projektion. Hier existieren gleichzeitig und nebeneinander Vergangenheit, Gegenwart und Zukunft, die früheren, die aktuellen und die künftigen Bewohner.

Wenn man also in zulässiger Vereinfachung den unteren Teil des Parks mit Springbrunnen und Blumengarten als räumlichen und sozialen Ausdruck (als Bild) der Stadt Sarajevo bezeichnen würde, weil darin alles erscheinen kann, was augenblicklich in dieser Stadt ansässig ist, so könnte man den oberen Teil als zeitlichen Knotenpunkt, als geistigen Ort bezeichnen, an dem sich zahlreiche vergangene und künftige Zeiten der Stadt vereinigen und gegenseitig ergänzen, auf einander verweisen und einander durchdringen.

Dabei ist es wichtig zu sehen, daß sich im Park von Sarajevo, vielmehr in der Funktionsweise seiner beiden Teile, zwei Kulturparadigmen begegnen und erkennen. Der flache Teil des Parks entspricht dem Garten in der europäischen Tradition, dem Markt und Bazar in der islamischen oder der Agora, dem Markt, in der antiken Kultur – es ist ein rein sozialer Raum, in dem eine Gemeinschaft sich selbst und ihre sie konstituierenden Beziehungen immer aufs neue erkennt. Der obere Teil, der höhere und scheinbar verwahrloste, der mehr einem alten muslimischen Friedhof als einem Park im mitteleuropäischen Sinne gleicht, entspricht dem, was in der katholischen Tradition die Wüste und in der islamischen Tradition der Garten darstellt – ein Raum, in dem Wunder eine reale Seinsweise und deshalb nicht nur möglich, sondern auch wahrscheinlich sind, ein Raum, in dem andere Zeiten und andere Seinsweisen entdeckt werden, ein Raum, in dem der Mensch seiner wesensmäßigen Einsamkeit und die Gesellschaft ihrer Grenzen inne wird.

Die frühen Christen trafen in der Wüste Dämonen und die Löwen mit dem guten Herzen, während die Muslime den Dschinnen (Dämonen) und den in wunderschöne Mädchen verwandelten Vogelprinzessinnen stets im Garten begegneten. Im oberen Teil ihres Parks treffen die Sarajlijer ihre seit langem verstorbenen Toten und können ihre möglichen Nachkommen erahnen. Die guten Christen haben sich in den Gärten getroffen, während die guten Muslime sich seit jeher auf den Märkten trafen, so wie sich die guten Sarajlijer beim Springbrunnen und Blumengarten im unteren Teil ihres Parks treffen. Alle haben sich über die Möglichkeit gefreut, an diesem Ort, durch diese Begegnungen eine Inventur der Gemeinschaft zu machen, der sie angehören, und sich davon zu überzeugen, daß diese Gemeinschaft real, frei und lose genug ist, um die Zugehörigkeit zu ihr ertragen zu können. Doch dann, nach angenehmen Gesprächen, sind sie in die Wüste gegangen, in den Garten, also in den oberen Teil des Parks, um sich davon zu überzeugen, daß sie und ihre Gemeinschaft zum Glück nicht die einzige Seinsweise sind und nicht alles, was möglich ist, sie sind hinaufgegangen, um sich den Versuchungen des Zweifels und der Einsamkeit zu unterziehen, um sich selbst in Frage zu stellen und sich über die verborgenen, anderen Gnaden des Guten Gottes zu freuen.

Das ist der sichtbare, offenkundige Sinn des Parks von Sarajevo. Den verborgenen Sinn, den man durch die Deutung der in unserem Park enthaltenen Formen entdecken könnte, wollen wir vorerst im Verborgenen lassen. Ich will Sie nicht zu pythagoreischen Spielereien verführen noch mit esoterischen Ahnungen (Lehren?) belästigen. Aber wenn Sie schon eine Vorliebe für diese Schönheiten haben, wenn Sie sich aus freien Stücken oder weil Sie nicht anders können der Schönheit des Innerlichen verschrieben haben, so will ich Sie noch einmal daran erinnern, daß unser Park seiner Grundform nach eine nicht ganz regelmäßige, aber deutlich sichtbare Ellipse ist. Sie werden sich viel Verborgenes erklären können, wenn ich Sie daran erinnere, daß die muslimischen Grabsteine, von denen es so viele im oberen Teil des Parks gibt, eigentlich eine Kombination aus Kubus und Kugel (oder manchmal einem durchgeschnittenen Kegel) sind. Der Untersatz des Grabsteins ist ein regelmäßiger Kubus (auf einer seiner Seiten kann eine Aya stehen, er muß aber keine Aufschrift haben), und auf diesem Kubus ruht als Krone oder schlicht als sein Abschluß eine Kugel (ein Ball). Ich brauche Sie nicht daran zu erinnern, daß der Kubus die Form unseres irdischen Hauses, die Form unserer Mitgift hienieden darstellt, während der Ball, als Form der Vollendung, das mögliche, von uns allen gewünschte und einigen auch versprochene Haus im Jenseits, in jener Welt, die Form unserer Mitgift in einer der anderen Welten darstellt. Ich muß Sie nicht daran erinnern, weil Sie es ja wissen, sofern Sie sich nicht dagegen sperren, solche Dinge zu wissen.

Wenn Sie während Ihres Aufenthalts auf der Welt entdeckt haben, welche Schönheit und welche Freude im Verstehen der geometrischen Form liegt, wird deutlich werden, warum sich auf dem kleinen Raum eines Parks die typischen Bilder zweier Kulturen vereinen und die in den Bildern von Wüste und

Garten implizierten Bedeutungen und Funktionen in Islam und Christentum sich verbinden lassen. Aber wenn Sie diese fröhliche Wissenschaft nicht interessiert, wenn Sie es hier so schön finden, daß Sie nicht in die inneren Räume der Welt hineinschauen wollen, in jene Räume, in denen die Formen der Dinge richtig verstanden werden, wenn Sie sich nur mit dem beschäftigen, was Sie mit Ihren Fingern untersuchen und erfassen können, kann die Bemerkung für Sie von Bedeutung sein, daß die Form des Parks von Sarajevo und seine innere Organisation, die Formen seiner Teile und einzelner Elemente, insbesondere aber das aufregende Zusammenfließen kultureller Traditionen in diesem Park, daß all das sozusagen ganz spontan entstanden ist. Mit spontan meine ich, daß all das nicht Teil oder Ergebnis eines menschlichen Projektes ist, sondern Ausdruck oder Diktat der Konfiguration des Terrains, der historischen Umstände, der urbanistischen »Findigkeit« usw. Dieser Logik entsprechend gilt: wenn Sie eine Stadt haben wollen, müssen Sie auch einen Stadtpark haben; der einzige Ort, an dem sich eine parkähnliche Anlage einrichten ließe, ist genau der, und dieser Ort sieht so und so aus, und daraus ergeben sich alle weiteren Bestimmungen.

Der Park von Sarajevo ist unter dem Einfluß solcher historischer Umstände entstanden und bringt sie zum Ausdruck, er ist der Ausdruck der inneren Natur der Stadt selbst. Die Stadt wollte – es liegt in ihrem Wesen –, daß sich die Bilder des Gartens und der Wüste in den beiden großen Kulturen in ihrem Park begegnen und berühren, daß sie sich ineinander spiegeln. Diese Erkenntnis habe ich meinen schriftstellerischen Mißerfolgen zu verdanken. Gesegnet sei der Mißerfolg. Im übrigen, »Allah löscht aus und bestätigt, was Er will, und bei Ihm ist die Mutter der Schrift«.

Ruinenlandschaft als Garten
Die Poetik der Ruine

Wenn ich trübselig in den Ruinen hocke,
so tue ich es wegen der verborgenen Schätze.
Die Liebe zu den Schätzen zieht mich dorthin,
denn Schätze findet man in Ruinen.

Fariduddin Attar

1

Mit einer Ruine kam ich zum ersten Mal in meiner frühen Kindheit in Berührung, als ich die Boćina dola entdeckte, einen der zentralen Orte jener Jahre. Diese Ruine war für mich, vielleicht wegen der Boćina dola, so wichtig, daß ich praktisch in einer Ruine (oder an einer Ruine, auf jeden Fall aber mit ihr, in ständiger, vertrauter und intensiver Berührung mit ihr) aufgewachsen bin vielmehr in der Boćina dola, einer langen, engen Schlucht, deren steile Abhänge von dichter, fast undurchdringlicher Macchia bewachsen waren und durch die an den seltenen Regentagen ein träger Bach floß (rann). Dort unten in der Schlucht gab es eine und am östlichen Abhang mehrere von einer undurchsichtigen Wand aus Gestrüpp umgebene Lichtungen, und nur ein Junge, der bereit war, Kratzer, Schrammen und ähnliche Unannehmlichkeiten in Kauf zu nehmen, konnte zu dieser »Höhle« vordringen, einer für Unwillkommene nicht sichtbare und unzugängliche Stelle, wo ein einsames Kind stundenlang ganz in seiner Welt verweilen konnte, Träumen und allen möglichen Vorstellungen nachhängend, schweigend oder im Gespräch mit dem, was seine Vorstellungen bevölkerte.

Auf dem Grund der Schlucht, von der Macchia durch ein paar Meter verwilderten Garten getrennt, befand sich meine Ruine: das Haus der Familie Ligač, die vor meiner Geburt nach Australien ausgewandert war, ein Haus, das zu kümmerlich war, als daß man es, trotz der Armut, die bei uns herrschte, jemandem hätte verkaufen oder auch nur schenken können. Erbaut aus schlechtem Stein (bei uns »Schuppenkopf« genannt), der das Wasser buchstäblich aufsaugt, dann aber an der Sonne Sprünge bekommt und mit der Zeit zu Staub zerfällt, war ihm, einmal verlassen und sich selbst überlassen, keine lange Lebensdauer beschieden. Als ich es entdeckte (in dem Augenblick, als wir uns begegneten), war das Haus der Familie Ligač bereits eine richtige Ruine geworden – innerhalb von nur fünf oder sechs Jahren.

Die Westwand war nur noch ein Berg aus zermahlenem Stein, Mörtel und Staub. Beim ersten Gang zu meiner Ruine fand ich hier eine junge Heckenrose und ein paar Grashalme, die als Ankündigung, als Versprechen einer künftigen Wiese hervorsprossen, der sich eines Tages mit viel Liebe und Neugier ein anderer Junge zuwenden würde, bereit, auf dieser Wiese stundenlang vor sich hin zu träumen. Die Ostwand stand noch, nicht ganz, aber fast in voller Höhe, so daß man erraten konnte, wo früher die Fenster, wo die Deckenbalken gewesen waren, die die Grenze zwischen Wohntrakt und Dachboden markierten, an dieser Wand ließ sich ablesen, wie hoch das Haus gewesen war und wie viele Wohnräume es gehabt hatte. Nord- und Südwand waren nach Osten hin solide erhalten und standen an der westlichen Seite knapp bis zur halben Höhe, aber auch das reichte, um die Eingangstür und das Fenster nach Süden zu erahnen, durch das tagsüber das Licht Gottes die Küche erhellt hatte – den wichtigsten Raum in den Häusern armer Leute, wo sich der wache Teil des Tages aller Familienmitglieder abspielte und wo die Familie sich als Gemeinschaft jeden Tag aufs neue bestätigte.

Zweifellos war dieser Raum links von der Eingangstür in der südwestlichen Ecke des Hauses die Küche gewesen, denn hier lagen die Überreste eines Blechherds herum (zum Zeitpunkt, als das Haus verlassen wurde, sicher so heruntergekommen, daß ihn keiner der Nachbarn mit zu sich herüber nehmen wollte), und dieser Raum war der größte, er hatte die beste und geschützteste Lage. Die verrotteten Blechteile, dünn und durchsichtig wie Spinnweben, die von der früheren Existenz eines Herds zeugten, waren als einziges von den Sachen übriggeblieben, die einmal die Küche und demnach die Tage einer Familie gestaltet hatten, die jetzt irgendwo in Australien dabei war, sich häuslich niederzulassen. Kein Tisch aus grob gezimmertem Holz, keine ordentlich um den Tisch gestellten Stühle ohne Lehne, keine Bank unter dem Südfenster, auf der man an kalten Tagen sitzen und über das Kleefeld zum Bach und auf den Berg dahinter schauen konnte. Kein mit rot-weiß-kariertem Stoff überzogenes Geschirregal, das sicher zwischen Herd und Fenster an der Südwand gestanden hatte. Keine Trennwand zur Vorratskammer, die sich nördlich von der Küche befand (daran abzulesen, daß in diesem ehemaligen Raum nicht das winzigste Überbleibsel auf einen Fußboden hindeutete, so daß es hier kälter gewesen sein muß als in den anderen Räumen und damit auch günstiger für die Aufbewahrung der wenigen Speisen, die man lagern konnte), und auch kein mit einfachen Blumen besticktes Tuch, das gerade an dieser Wand gehangen haben muß, mit Taschen für das Besteck. Welcher Küchenspruch zur Belehrung der Hausfrau war wohl daraufgestickt? »Die kluge Köchin wenig spricht, damit nicht anbrennt ihr Gericht«? Das glaube ich nicht, denn das Tuch hing gegenüber dem Herd und konnte die mit dem Rücken zu ihm stehende Köchin gar nicht ermahnen. Dann war es vermutlich eine Belehrung über die Reinlichkeit, weil in den Taschen das Besteck verwahrt wurde: »Die Küche rein, das Essen fein. Anders darf's bei mir nicht sein«. Ich weiß nicht, sicher ist nur, daß da ein Tuch gehangen hat, auf dem eine wichtige, mit einfachen kursiven Buchstaben aufgestickte Belehrung stand.

Außer den Blechüberresten in der Ecke, den Scherben eines Dachziegels und den Bruchstücken eines morschen Brettes im

Staub ist von der Trennwand zwischen Küche und Vorratsraum oder vom Fußboden kaum noch etwas übrig. Doch für ein Kind und auch für einen Erwachsenen, der gern in der Stille und Einsamkeit träumt und sich etwas vorstellt, ist es vollauf genug, um das Leben einer Familie zu rekonstruieren. Man kann sich leicht den Vater vorstellen, wie er auf der Bank an der Südwand sitzt, raucht und zum Bach hinüberschaut, dann zum Berg, der sich über dem Bach erhebt, während er darauf wartet, daß das Essen auf den Tisch kommt. Man kann sich leicht die Tochter vorstellen, wenn sie eine gehabt haben, wie sie eifrig und stolz, ein Tuch in der Hand, zwischen Tisch und Trennwand hin- und herläuft, das Besteck auf den Tisch legt und der Mutter hilft. Aber am leichtesten kann man sich den Jungen vorstellen, der jenem, der das alles imaginiert, ähnlich ist (diese Ähnlichkeit läßt sich nicht vermeiden, weil das Imaginäre, damit man es wirklich erleben kann, konkret und von Liebe erfüllt sein muß), einen Jungen, der sich bemüht, die Schuldgefühle abzuwehren, weil er nicht mithilft, sondern untätig und unnütz herumsitzt, während Mutter und Schwester arbeiten. Um sein Unbehagen vor sich selbst zu verbergen, stellt er sich vor, er sei ein Erwachsener, und diese vorgestellte Person gleicht auffallend seinem Vater, der gerade vom Feld nach Hause gekommen ist, auf der Bank unter dem Fenster sitzt und sich eine Zigarette anzündet.

Man kann sich das alles sehr leicht vorstellen, und dem aufmerksamen Blick und Geist eines Menschen, der das Leben in den Häusern armer Leute kennt, enthüllt es sich von selbst. Von selbst offenbart sich ihm, daß der Raum nördlich vom Eingang, mit der Tür, die direkt auf die Eingangstür hinausging, das Schlafzimmer war, wo die Mutter jede Nacht das Bettzeug für sich und den Vater holte und die Kinder im kalten Zimmer allein ließ, mit der Dunkelheit, mit den Ängsten, die sie weckt, und mit der Schläfrigkeit, die so gut vor der Angst schützt, wenn nichts Vertrauteres da ist, um die Kinder zu trösten.

All das enthüllt sich nur dem, der aufmerksam genug schaut und bereit ist, sich der Ruine und dem, was sie sagt, nicht zu verschließen. Nur ein bißchen Erfahrung, ein Minimum an Wissen über das Leben in solchen Häusern und das notwendige Maß an Sensibilität, die Bereitschaft, sein Wesen und seine Erfahrung der Rede der Ruine, in der der Junge seine Tage verbringt, zu öffnen – mehr braucht es nicht, um auf der Grundlage der erhaltenen Details die Form des Lebens, das hier währte, zu rekonstruieren und in der Imagination aufleben zu lassen. Sich der Ruine zu öffnen, sich in ihr aufzuhalten, wach, geduldig, lange und häufig genug, hat vollauf gereicht, um das Leben, das sich hier abspielte oder sich zumindest genauso hätte abspielen können, wie es sich der Junge vorgestellt hat, vollständig wiedererstehen zu lassen, um die Menschen, die dieses Leben ertragen mußten, kennenzulernen, um sich ihnen wirklich zu nähern. Obwohl ich sie nie gesehen habe, obwohl sie schon vor meiner Geburt längst in Australien oder in jener anderen Welt gewesen waren, habe ich sie gekannt und mich mit ihnen verstanden, bin in der Ruine ihren Erinnerungen an die hier zugebrachten Tage begegnet, habe im Gesicht oder an den Händen die Seufzer der Sehnsucht nach dem schönen Blick durch das Südfenster oder die Angst vor der Dunkelheit im kalten Schlafzimmer gespürt. Ich habe die Seelen ihrer schon lange verstorbenen und unweit von hier beerdigten Vorfahren kennengelernt, die bisweilen wie zu einem ihrer Ursprünge hierhergekommen sind, und habe gelernt, sie voneinander zu unterscheiden.

Damals wußte ich noch nicht, was Kunst ist, und habe auch nicht ahnen können, daß ich mein ganzes Leben mit dem verbringen würde, was ich damals tat: aus der Rede der Ruine, aus der Rede der Erinnerung, die das Geschehen ungenau bewahrt hat, aus Überresten, auf der Grundlage einiger Details, die erhalten geblieben sind oder sich mir entdeckt haben, gegenwärtig, sichtbar und wirklich, das mögliche (wahrscheinliche) Leben abwesender, ferner, unsichtbarer, womöglich schon verstorbener oder niemals geborener, doch liebgewonnener und mir wie mein eigener Atem vertrauter Menschen zu rekonstruieren. Ich habe damals auch nicht ahnen können, daß ich auf dieselbe Weise, wie ich die Familie Ligač kennen- und liebengelernt habe, später den guten und müden Onkel Wanja und seine Nichte Sonja, den schlauen alten Pisteter, das unschuldige und leidenschaftliche Gretchen kennenlernen und lieben würde. Ich habe nicht geahnt, daß die Poetik des Erzählens und die Poetik der Ruine geistige Zwillingsschwestern oder zumindest nahe Verwandte sind, ich habe nicht gewußt, daß Ruinen dem Erzählen so nah und so unentbehrlich sind. Ich war wohl zu jung, um eigene Erinnerungen zu haben, und konnte deshalb nicht begreifen, daß die Ruine eine Hüterin der Erinnerungen ist und gerade deshalb unentbehrlich fürs Erzählen.

Als ich selbst zu erzählen begann, war der Umgang mit der Familie Ligač eine ferne Reminiszenz, und an meine »Begegnungen« mit den Seelen und Erinnerungen ferner Menschen habe ich mich manchmal mit einem Unbehagen erinnert, wie es wahrscheinlich ein wahrheitsliebender und der Wirklichkeit zugetaner Mensch empfinden würde, wenn er zugeben müßte, daß er in eine Kristallkugel geschaut hat. Geblieben sind mir nur die Fragen, die dann auftauchten und mich die ganze Zeit begleiteten, während ich die kindlichen Beschäftigungen bei ihrer Wiederholung vergessen hatte: wieviel objektive Wahrheit und wieviel von meinen Träumereien ist in dem vorhanden, was sich mir als das Leben offenbart, das ich aus den sichtbaren Überresten rekonstruiere; wie weit lassen sich die Form eines Lebens, die Tage in einem Haus wirklich aus einer Ruine rekonstruieren; wieviel von dem Haus muß erhalten sein; welcher Teil der Rekonstruktion ist ein wirkliches Lesen der erhaltenen Details, und inwieweit ist diese Rekonstruktion nur ein Hineinlesen des eigenen Ichs in diese Details?

All diese Fragen zu überprüfen hatte ich im Frühherbst meines Lebens Gelegenheit, als ich ein Jahr lang durch Ruinen ging. Von April 1992 an hat sich meine Stadt vor meinen Augen in Ruinen verwandelt, so daß ich in Ruinen gearbeitet habe, durch sie gegangen bin, in ihnen Deckung vor Granaten gesucht habe. Zu manchen bin ich, getrieben von einer naiven Hoffnung, gegangen, um zu überprüfen, ob nicht doch etwas übriggeblieben ist, manche habe ich fast rituell aufgesucht, um mich an schöne Tage zu erinnern.

2

Die erste Ruine, die ich während der Kriegsjahre in Sarajevo kennengelernt habe, war das ehemalige Orientalische Institut, das schon in den ersten Tagen des Krieges von Granaten getroffen wurde und ausbrannte. Ich ging hin in der naiven Hoffnung (aus einem überstarken Bedürfnis heraus, durch das wohl die naive Hoffnung hervorgebracht wird), daß es nicht so sein möge, wie man sagte und wie es aussah, daß nicht alles zerstört wäre, ich ging hin in der törichten Überzeugung, daß ich zumindest einen Teil der Institutsschätze, der von der Vernichtung verschont geblieben wäre, würde finden können.

Im Orientalischen Institut wurden Hunderttausende Dokumente von unschätzbarem historiographischem Wert aufbewahrt, Dokumente, ohne die man buchstäblich keine Geschichte dieser Region schreiben kann, und darauf gründete sich wohl meine törichte »Hoffnung zum Trotz«: Auch diejenigen, die die Stadt zerstören, können ihre Vergangenheit einzig aus den hier aufbewahrten Dokumenten erfahren, auch sie werden das zuverlässige Gedächtnis und die Möglichkeit verlieren, ihr Gedächtnis zu überprüfen, wenn sie dies alles vernichten. Darin zeigt sich die stumpfe Hartnäckigkeit dieser »Hoffnung zum Trotz«: ich weiß, daß sie Barbaren sind, und ich weiß, daß sie gerade deshalb Barbaren sind, weil ihnen die paradoxe Operation gelungen ist, die Geschichte zu mythologisieren. (Ein historisches Ereignis erklären sie zum mythischen Anfang aller Geschichte, so daß in ihrer Vorstellung die Zeit ihre historische Kontinuität verliert; dem Menschen wird somit gestattet, seine Geschichte nach Lust und Laune zu ordnen und die Vergangenheit willkürlich zu deuten. Das Erfinden von Pseudomythen ist die notwendige Ergänzung dieser Operation.) Dennoch erwarte ich, daß ihnen die wertvollen

Dokumente wichtig sind, unverzichtbar für die historische Forschung – eine Erwartung, die nur durch diese Hoffnung geweckt werden kann und trotz objektiver Argumente und eigener Überzeugungen und, wenn es sein muß, auch trotz der offensichtlichen Wahrheit hartnäckig existiert. Ich weiß, daß diejenigen, die das Orientalische Institut niedergebrannt haben, kein dokumentiertes Gedächtnis brauchen, weil sie ihr »Gedächtnis« im Pseudomythos und in epischen Liedern haben; ich weiß, daß ihnen historische Dokumente nur hinderlich sein können, denn Dokumente lassen keine Mythologisierung der Geschichte zu, ihre Ideologie aber ist auf mythologisierte Geschichte angewiesen; all das weiß ich, doch meine »Hoffnung zum Trotz« treibt mich zur Überprüfung, erfüllt mich mit dem Gefühl, daß auch ihnen die Sammlung wertvoller Dokumente zu teuer ist, um sie unwiederbringlich zu vernichten.

(Oder gründete sich meine törichte »Hoffnung zum Trotz« auf das Vertrauen in die Gnade Gottes? Als Er sich den Menschen offenbarte, hat Gott die Geschichte eingeleitet und die Zeit »in Bewegung gesetzt«, die Erinnerung ermöglicht und uns zum Gedächtnis verpflichtet. Deshalb wird Er es nicht zulassen, daß eine Sammlung, in der das Gedächtnis dieser ganzen Region aufbewahrt ist, untergeht.)

Diese »Hoffnung zum Trotz« trieb mich zum Orientalischen Institut, ein paar Tage nachdem es von Granaten in Brand gesetzt worden war. Sie hatten so präzis ins Ziel eingeschlagen, daß kein Zweifel daran bestehen konnte, daß die Koordinaten lange vor Beginn der Angriffe auf die Stadt festgelegt worden waren. Ich bin in der Hoffnung hingegangen, daß nicht alles, daß unmöglich alles...

Und es war auch tatsächlich nicht alles – geblieben war eine Ruine, die ich lesen konnte, so wie ich seinerzeit die aus dem

Haus der Familie Ligač entstandene Ruine hatte lesen können. Man konnte das Verweilen in diesen Räumen rekonstruieren, aus der Aufteilung und Größe der Räumlichkeiten konnte man auf die Hierarchie schließen, die unter den Anwesenden geherrscht hatte, man konnte an den Formen, der Anordnung und den Verhältnissen der nunmehr schwarzen Wandflächen erkennen, wo die Bücherregale, wo die Dokumentenschränke und wo die nackten Wände gewesen waren. Man konnte natürlich auch das Ursprüngliche, jeder Arbeit und jedem Aufenthalt Vorausgehende erkennen – aus welchen Materialien das Gebäude erbaut worden war, die quantitativen Verhältnisse dieser Materialien in der Zusammensetzung des Gebäudes, die durch sie geschaffenen Funktionen und Formen. Man konnte auch erkennen, daß hier nicht gewohnt, sondern gearbeitet und archiviert wurde, daß nicht produziert, sondern, pathetisch gesprochen, Leben aufbewahrt wurde, das sich in konkreter Form an irgendwelchen anderen Orten abgespielt hatte. Und man konnte leider auch erkennen, daß sich nichts von dem, was aufbewahrt worden war, erhalten hatte und daß wir demnach das Leben, dessen Spuren hier gehütet worden sind, nicht mehr rekonstruieren, sondern uns nur noch vorstellen können mit soviel Willkür, wie wir uns selbst gestatten.

Später, während der Kriegsjahre in Sarajevo, habe ich viele Ruinen dieses Typs kennengelernt, weil Bauten, die einen symbolischen Wert hätten haben können, systematisch zerstört wurden. Das Gebäude des Roten Kreuzes, das Hotel Europa, die Magribija-Moschee, das Olympische Museum... Ich denke, daß ich während dieser Jahre die grundlegenden gattungsmäßigen Unterschiede zwischen diesem Typ von Ruine und jenem Typ, den ich als Kind kennengelernt und erforscht hatte, verstanden habe. Ich glaube, daß die vollständige imaginäre Rekonstruktion einer Ruine nur möglich ist, wenn sich in ihr ein konkretes, vollständiges, alltägliches Leben abgespielt hat, während die aus großen repräsentativen Gebäuden entstandenen Ruinen wie ein ganz anderer Texttyp funktionieren, weil sie einen ganz anderen Typ von Daten, Wissen, Fragen liefern. Beim Lesen der Hausruine der Familie Ligač stellen wir uns ihre Bewohner, ihr Mittagessen oder ihre Launen und Stimmungen während des Tages vor; aber wenn wir die aus dem Orientalischen Institut entstandene Ruine lesen, erschließen sich uns spezifische Eigenarten der Bautechnik in der österreichisch-ungarischen Monarchie, der Raumaufteilung in den Institutionen des Zweiten Jugoslawien, Einzelheiten über die Hierarchie innerhalb dieses konkreten Instituts, über die Vorlieben einzelner Angestellter bei der Einrichtung des Büroraums. Es erschließen sich uns objektive Informationen über objektive Phänomene, wir begreifen »gesellschaftliche«, nicht individuelle »menschliche« Fakten.

Wir spüren den Stolz der Tochter der Ligačs, während sie ihrer Mutter bei der Vorbereitung des Mittagessens hilft, obwohl wir weder sie noch ihre Mutter jemals gesehen haben, wir spüren ihn sogar, wenn es die Tochter überhaupt nicht gegeben hat, wir spüren ihn, weil man ihn einfach spüren muß, wenn man in der ehemaligen Küche steht, zwischen der Stelle, an der früher der Tisch stand, und der Wand, an der das Tuch mit den Taschen hing. Und wir spüren nicht, wir können schlicht nicht spüren, wie die Hand einer ehemaligen Institutsangestellten zittert, selbst wenn wir diese Angestellte gekannt haben, selbst wenn wir Zeuge waren, daß ihre Hand zitterte, als sie eine Mappe aus dem Schrank nehmen wollte, und selbst wenn wir an jener selben Stelle stehen, in ihrem ehemaligen Büro neben der schwarzen Aureole, die dieser ehemalige Schrank an die Wand gezeichnet hat. Alles ist da: das Zimmer und die Wand, die Spuren des Schranks an der

Wand und das Bild unserer Freundin, unsere lebendige Erinnerung an die Worte, die sie an eben diesem Ort, in eben diesem Moment, als ihre Hand zitterte, vor eben diesem Schrank, den uns die schwarze Aureole ins Gedächtnis ruft, ausgesprochen hat. Vergebens – das Gefühl dieses Augenblicks wird nicht wiederbelebt, unser Geist registriert nicht das Zittern der Hand, die wir gesehen haben und deren Bild wir in der Erinnerung wiederbeleben können. Und das hat, glaube ich, nichts mit uns zu tun, das hat mit dem zu tun, was die Ruine redet und sagen kann.

Die Ruine eines Hauses ist voller Spuren, die etwas über die Menschen verraten, die in ihm gelebt haben. Aus unserem Haus können wir nicht völlig verschwinden. Unser Zimmer verrät auch das über uns, was wir nicht einmal selbst über uns wissen, die Formen und ihre Anordnung in unserem Heim sind ein präzises Bild unserer Alltagsrituale, und diese Rituale wiederum sind ein Bild unserer Tage, eine Gestalt der Zeit, die wir uns gönnen konnten. Wenn unsere Seelen nach unserem irdischen Tod das Diesseits aufsuchen, dann suchen sie sicherlich die Ruinen unserer Häuser auf. Deshalb ist eine Hausruine das künstlerische »Ruinengenre« schlechthin, ein Genre, das uns ein ehemaliges Leben verstehen läßt und uns die Bewohner so nahe bringt, als hätten wir sie schon immer gekannt, ja als wären wir selbst einer dieser Bewohner gewesen. Beim Lesen einer Hausruine befreien wir uns einen Augenblick lang von der uns auferlegten Existenz und erlangen ein Wissen, das wir haben könnten, wenn wir ein anderer wären – wenn wir nämlich ein Bewohner dieser Ruine gewesen wären, solange diese jemandes Haus gewesen ist.

Im Gegensatz dazu enthüllt die Ruine eines repräsentativen oder eines öffentlichen Gebäudes die kulturellen Strukturen der Gesellschaft, in der es entstanden ist, und der Gesellschaft, die es genutzt hat. Sie enthüllt dem Betrachter die Architektur und das Bauwesen einer Epoche, sagt ihm, wie diese Epoche sich ein repräsentatives Gebäude vorgestellt hat (wenn man die Ruine z.b. des Orientalischen Institutes liest, begreift man, daß Österreich-Ungarn seine Präsenz in Sarajevo und die Stadt selbst sehr ernst genommen hat, weil das Gebäude entsprechenden Gebäuden in österreichischen Städten auffallend ähnlich ist), enthüllt ihm die Vorstellung von Büroarbeit, wie sie in der Gesellschaft, die das Gebäude im Moment seiner Umwandlung in eine Ruine genutzt hat, üblich war, spricht über die innere Organisation öffentlicher Einrichtungen. Wer eine Hausruine liest, kann ihre Bewohner erahnen (wenn er fähig ist, etwas zu erahnen), wer aber die Ruine eines öffentlichen Gebäudes liest, wird die gesellschaftlichen Strukturen erahnen, also die Formen einer Kultur, nicht aber auch die Formen konkreter Wesen und ihres Alltags, die diese Kultur geprägt hat. Alle Unterschiede zwischen diesen zwei »Ruinengenres«, von den Methoden des Lesens und Verstehens bis zu den Resultaten der Interpretation, sind die Folge dieser grundsätzlichen Differenz – der Differenz zwischen den allgemeinen kulturellen Strukturen und den Tatsachen des realen, einzelnen, ganz konkreten Lebens, das wir mit uns selbst und mit unseren Lieben verbringen.

Die Fähigkeit einer Ruine, uns das Vergangene vor Augen zu führen, hat mich während des Krieges vor völliger Verzweiflung bewahrt. Sarajevo verwandelte sich zwar in eine Ruinenlandschaft, aber diese Landschaft ermöglichte es, ähnlich wie ein altertümlicher Garten, die Formen des Lebens, das sich an diesem Ort abgespielt hatte, zu überblicken und zu begreifen. Solange Menschen in einer Ruine leben oder sich von ihr angezogen fühlen, solange eine Ruine von den Menschen aufgesucht und gedeutet wird, funktioniert sie als Abbild des Lebens, als Speicher der Erinnerung. Es gibt aber auch Ruinen, die keinem Garten ähneln, weil sie kein Leben speichern und weitergeben, keine Erinnerungen bewahren und keine Vergangenheit evozieren. Sie sind zeitlos, sie sind ein besonderes Genre.

3

Dieses dritte »Ruinengenre« habe ich ebenfalls in Sarajevo kennengelernt, und wenn ich es mir recht überlege, fertige ich diese Aufzeichnungen seinetwegen an. Das Wort »Ruine« ist hier selbst unter Vorbehalten strenggenommen nicht angebracht, denn das, was vom UNIS-Hochhaus in Marindvor, vom Parlamentsgebäude, von einer Reihe sehr moderner Geschäftshäuser, eigentlich von allen abgebrannten modernen Glas- und Stahlbauten übrigblieb, ist schlicht keine Ruine in dem Sinne, wie das Haus der Ligačs und das Gebäude des Orientalischen Instituts Ruinen sind. (Eine wegen meiner absoluten Unkenntnis der Bautechnik unumgängliche Anmerkung: die Materialien, aus denen man diese Bauten errichtet, sind womöglich gar nicht Glas und Stahl, sondern sehen nur für mich, den Unwissenden, so aus. Das sind jene Gebäude, die glänzen, als wären sie aus Spiegeln, jene Gebäude, die wie jeder Spiegel gegenüber der Welt um sie herum gleichgültig sind, so daß sie immer gleich aussehen, sich den gleichen Anschein geben und gleichermaßen gleichgültig eine mediterrane, tropische und nördliche Landschaft widerspiegeln. Wohl wegen ihrer Gleichgültigkeit gegenüber der Umgebung und dem Klima, in dem sie errichtet worden sind, hat man bei ihrem Anblick das Gefühl, daß sie hinter den blitzenden Flächen leer sind, wie jeder andere Spiegel auch – daß sich hinter dem Glanz eine virtuelle Wirklichkeit befindet, an die vielleicht nur derjenige glaubt, der sich im Spiegel reflektiert und nur in dem Moment, in dem er sich reflektiert.)

Eine Ruine ist der Überrest ehemaligen Lebens, eine Ansammlung von Spuren und Zeugnissen, auf deren Grundlage sich das Denken und die Arbeit, das Weltempfinden und die Existenzweise der Menschen, die diese Ruine bewohnt haben, bevor sie zu einer geworden ist, rekonstruieren und verstehen, vorstellen oder wenigstens erahnen läßt. Wenn das eine Ruine ist – und die »traditionelle Ruine« ließe sich genau so definieren –, dann werden die modernen Bauten aus Glas und Stahl sicherlich keine Ruinen sein, wenn sie einmal zerstört werden. Ich weiß nicht, als was man die Überreste dieser Gebäude bezeichnen sollte, ich weiß nicht, in welches Genre man sie einordnen müßte, wenn wir sie dennoch als Ruinen bezeichnen wollen, aber ich weiß, daß das, was übrigbleiben wird, seinen entscheidenden Eigenschaften nach etwas ganz anderes als eine traditionelle Ruine ist.

Vom ehemaligen Parlamentsgebäude, das ich gut gekannt habe, weil ich dort oft zum Wasserholen hingegangen bin, ist eine grotesk deformierte Stahlkonstruktion und viel schwarze Masse übrig geblieben, die nicht Teer, nicht Ruß, nicht . . . ist. Sie ist mit nichts zu vergleichen, was mir aus der Wirklichkeit, die ich kenne, bekannt wäre. Die Außen- und Trennwände, die Bodenbeläge und die Möbel, all das ist wahrscheinlich geschmolzen und in eine schwarze Materie verwandelt worden, die sich weder benennen noch beschreiben läßt, oder es ist in einen genauso undefinierbaren schwarzen Staub zerfallen. Die phantastisch verbogene Stahlkonstruktion und die erwähnte Menge schwarzer Materie, über die ich gern sagen würde, daß sie die Gegenwart, daß sie das sichtbare Antlitz des Nichts sei, sind dennoch keine Ruine, aus der sich etwas able-

177

sen, rekonstruieren, erahnen ließe, aus der sich eine vergangene Zeit und andere Menschen, die die Ruine im Gedächtnis
behalten hätte und uns jetzt enthüllte, spüren und verstehen
ließe. Das ist keine Ruine, das ist der Tod im Erleben des modernen Menschen: Tod nicht als Übergang in eine andere
Existenzform, sondern als Abgang in das pure Nichts. Oder
wenn es doch eine Ruine wäre, weil es sich hier um Überreste
eines ehemaligen Gebäudes handelt, dann eine Ruine neuen
Typs, der sich von den bisher bekannten nicht graduell, sondern qualitativ unterscheidet. Der erste und offensichtlichste
Unterschied besteht in seinem Verhältnis zur Zeit: Die neue
Ruine ist wie der Spiegel absolute Gegenwart, sie erinnert an
nichts und niemanden und tut sich nicht kund, bei ihrem
Anblick kann man nicht glauben, daß es eine Vergangenheit gab
und eine Zukunft geben könnte. Sie bewahrt keine Erinnerung
an die Menschen, die sich in ihr aufgehalten haben, solange sie
noch ein Gebäude und keine Ruine war, sie bewahrt nichts von
den kulturellen Strukturen, die sie bestimmt haben, sie teilt
auch nichts über die Materialien mit, aus denen sie erbaut ist.
(Oder doch, nur daß ich über diese Materialien nichts weiß und
nicht in der Lage bin, ihr neues Gesicht zu lesen – jene schwarze
Materie, die mich so erschreckt hat?) Die einzige Information,
die wir einer solchen Ruine über das Gebäude, das früher an
ihrer Stelle gestanden hat, entnehmen können, ist die, daß
wahrscheinlich auch dieses Gebäude »zeitlos« gewesen ist:
solange es steht und funktioniert, sieht es wie neu aus, aber in
dem Moment, wo es nicht mehr neu ist, wird es zu einem gewe-
senen. Aber vielleicht stimmt auch das nicht. (Mal ernsthaft,
können diese Gebäude, die wie Spiegel aussehen, alt sein?
Haben sie ein Gedächtnis? Wie sehen sie aus, wenn sie fünfzig
Jahre alt sind? Unterscheiden sie sich, und wie unterscheiden
sie sich von denen, die hundert Jahre alt sind?)

Wie könnte man diesen Ruinentyp in einer Übersicht der »Ruinengenres«, die ich mich hier zu skizzieren bemühe, klassifizieren? Wie ist eine Ruine dieses Typs zu lesen, wie zu verstehen und wie zu interpretieren? Welche Informationen liefert sie über sich selbst, über das Gebäude, aus dem sie entstanden ist, über die Menschen, die sie erbaut, und die Menschen, die sie genutzt haben, solange sie ein Gebäude war? Welche Sinngehalte und Bedeutungen, welches Weltempfinden und welcher Denkstil lassen sich aus den Informationen, die eine solche Ruine liefert, erahnen? Welcher Art von Text ist eine solche Ruine zuzuordnen? Ist das überhaupt ein Text, und wenn ja, wie ist er zu lesen, zu verstehen, zu analysieren? Ist das einer von jenen Texten, die, wie die dadaistischen, nicht »bedeuten«, sondern »sein« wollen (als wäre das eine ohne das andere möglich), so daß er nicht über sich hinaus weisen kann? Ein Text, der mit sich selbst absolut identisch ist, dessen Körper und Schatten, Bedeutung und Sinn, Ziel und Anlaß, Quelle und Mündung – eins sind? Wie ist dieser Texttyp zu verstehen und wie zu definieren, wie ist er überhaupt zu beschreiben? Als Ultrakonkretismus? Die Überreste des Parlaments als ultrakonkrete Ruine, die »nicht bedeutet, sondern ist«, die absolut mit sich selbst übereinstimmt und mit sich selbst beweist, daß sie eine mögliche Handvoll schwarzen Staubs unter einer grotesk verbogenen Konstruktion ist, die früher, wenn Sie sich erinnern, das ganze Gebäude getragen hat.

Eine solche Ruine ist gewiß kein Zeichen und auch keine Zeichenstruktur. Augustinus hat in *De doctrina christiana* das Zeichen als Ding definiert, das den Wahrnehmungen Form verleiht und in das Denken etwas anderes hineinbringt, indem es dieses andere aus sich selbst erzeugt. Diese Definition des Zeichens sagt mir am meisten zu, weil sie auch der Natur des Zeichens und nicht nur seinen Funktionen Rechnung trägt.

Eine solche Ruine ist ganz gewiß kein Zeichen und kann erst recht keine Zeichenstruktur sein: Sie verleiht nichts eine Form, sie hat auch selbst keine Form, sie ist Abwesenheit der Form, sie ist der Zerfall selbst, der uns auf die Frage bringt, ob hier Form überhaupt möglich ist, ob es sie je gab. Noch weniger bringt diese Ruine, dieses bißchen schwarze, formlose Materie etwas anderes in den Geist des Menschen (wenn ich nicht irre, hat Augustinus dieses »andere« nach dem Vorbild der Stoiker *lecton* genannt), einen Sinn, das mentale Bild eines Gegenstands, einer Erscheinung, eines Zustands, weil sie einfach nicht dazu fähig ist, auch nur irgend etwas in den Geist hineinzutragen. Und noch weniger ist sie fähig, aus sich selbst heraus ein mentales Bild, einen Gedanken oder irgend etwas, das Form in der Zeit und / oder im Raum voraussetzt, zu erzeugen. Sie verweist auf nichts außerhalb von sich, und auch selbst liefert sie weder noch besitzt sie irgendeine Form, irgendeine Bedeutung, irgendeinen Sinn. Das einzige, was sie aussagt, ist, daß hier, wo wir jetzt ein wenig schwarze Materie sehen, wahrscheinlich früher einmal etwas gewesen war. Wenn sich der Mensch, der das betrachtet, erinnert, und wenn er sich erinnert, daß dort das Parlamentsgebäude gestanden hat, dann sagt sie noch etwas mehr aus – nämlich daß dort einmal ein schönes und stolzes Gebäude stand. Aber das sagt sie nur ihm, dem, der sich erinnert.

Deshalb gibt es wohl kein Kind, das morgen unsere Seelen, Erinnerungen, Leben, Werke und Tage aus den Ruinen, die wir hinterlassen, erahnen und rekonstruieren könnte – ich glaube es nicht wegen der Kinder von morgen, sondern unseretwegen, der Ruinen wegen, die wir hinterlassen. Wir sind Baumeister, die keine erinnerungsfähigen Ruinen hinterlassen, wir sind Menschen, an die die Welt, in der wir uns aufgehalten haben, sich nicht erinnern kann. Was wir erbauen, wird niemals zu einer Ruine werden, aus der man unsere Person erahnen und im Imaginären wiedererstehen lassen könnte. Die Gebäude, die wir errichten, können, wenn sie zu funktionieren aufhören, einzig das reale, materialisierte Bild des Nichts werden. Unsere Seelen werden nicht wissen, wohin sie zurückkehren können, denn was wir hinterlassen, sind keine Ruinen, keine Orte, sondern das Nichts. Und dieses Nichts ist natürlich ahistorisch, wie es auch die Barbaren sind, die anstelle einer Geschichte einen Pseudomythos haben und anstelle des Mythos eine (mythisierte) Pseudogeschichte.

An dem, was wir anstelle von Ruinen hinterlassen, kann man weder kulturelle Strukturen noch den ehemaligen Menschen und seinen Alltag erahnen. Nach dem »Ruinengenre« zu urteilen, das wir zu produzieren fähig sind, werden wir nur ein leeres Fundament hinterlassen, auf dem man konstruieren, willkürlich erfinden, schwätzen kann, was einem beliebt, also ein Fundament, das einzig zur Produktion von Pseudomythen geeignet ist. Die Ruinenlandschaft, die wir hinterlassen, wird kein Kind, wird kein Mensch als Garten deuten können, denn Gärten gibt es nur dort, wo die Kultur, wo die wahren Mythen und die kritische Geschichte sich gegenseitig in Frage stellen und ergänzen. Doch wo Pseudomythen und mythologisierte Geschichte das Bewußtsein bestimmen, sind keine Gärten möglich. Daher meine Angst, daß die Zeit der Barbaren kommt, daß die Barbaren doch noch kommen, daß sie schon unter uns sind. In uns?

Nachbemerkung

Sind die irdischen Gärten Schatten, die der Paradiesgarten auf die Erde wirft? Wir wissen es nicht, die Existenzweise des Paradieses und all dessen, was in ihm ist, entzieht sich unserer Kenntnis, wir wissen nur, denn das ist offensichtlich, daß der Garten in enger Korrespondenz mit der »Paradiesseite« des menschlichen Wesens steht, mit unserer Fähigkeit, uns das Paradies vorzustellen und von ihm zu träumen, mit jenem Teil von uns, der uns von der Übereinstimmung mit dieser, uns auferlegten Existenz befreit und auf eine andere (auf die paradiesische?) Existenzweise gerichtet ist. Gründet auf dieser Korrespondenz nicht auch die Überzeugung, daß unsere Gärten Schatten des Paradieses sind?

Im Garten manifestiert sich unsere Freiheit, weil wir den Garten gestalten, indem wir unter den Dingen, die uns die Welt Gottes zu bieten hat, auswählen, und das Wählen ist ja, wie wir wissen, eine fundamentale, unumgängliche Form der Freiheit. Unter allen Nutz- und Zierpflanzen, die in einer Klimazone wachsen, unter allen Mineralien, Steinarten und Baumaterialien, an die wir kommen können, unter allem, was die uns bekannte Welt zur Verfügung stellt, wählen wir das aus, womit wir unseren Garten anlegen. Aber hier zeigt sich noch eine andere, vielleicht die höchste Form der Freiheit, zu der wir in diesem Leben fähig sind: bei der Gestaltung eines Gartens überwinden wir den natürlichen Drang, das zu tun, was unserem Dasein und unserem Nutzen dient; indem wir einen Garten gestalten, drücken wir auch das Bedürfnis unseres Geistes nach Schönheit aus und damit eine Freiheit, die uns nicht von der Natur gegeben wurde, sondern die wir dem Geist zu verdanken haben. Duns Scotus hat uns erklärt, daß wir erst dann frei sind, wenn wir nicht mehr unserem Dasein dienen (dann sind wir reine Existenz), wenn wir nicht nur unserem Nutzen dienen (dann sind wir Sklaven), sondern etwas tun, wodurch wir uns anderen Menschen, anderen Existenzformen, der Welt öffnen. Wir sind nur dann wirklich frei, lehrt Duns Scotus, wenn wir die natürliche Selbstsucht überwinden und etwas aus Liebe zu einem anderen tun, aus dem Bedürfnis, einem Ideal zu folgen, wenn wir im allgemeinen Interesse arbeiten oder aus dem Bedürfnis nach Schönheit etwas tun, was der Vernunft unnütz erscheint.

Wirklich frei ist man beispielsweise dann, wenn man keinen Acker, sondern einen Garten bearbeitet; wenn man trotz Entbehrungen auf einem Teil seines Besitzes Blumen angepflanzt hat, die einen nicht ernähren, aber mit ihrer Schönheit erfreuen können. Im Garten kommen der niedrigste und der höchste Grad unserer Freiheit zum Ausdruck – die Möglichkeit, die Natur zu überwinden und sich für etwas zu entscheiden, was nicht nützlich ist und nicht unserem Dasein dient, sondern uns von der Gleichheit mit der reinen Existenz befreit. Insofern ist der Garten zweifelsfrei ein Beweis, daß wir etwas vom Paradies in uns tragen.

Was wir als Elemente des Gartens ausgesucht haben, all die Blumen und Nutzpflanzen, Steine und Bäume, fügen wir zu einem Ganzen, das unserer Vorstellung, wie die Welt aussehen könnte, wenn sie schön wäre, nicht entsprechen muß und wahrscheinlich auch nicht entspricht, aber es sagt etwas über diese Vorstellung aus und noch viel mehr über uns. Indem wir einen Garten angelegt haben, sind wir aus dem Reich der Natur (der Notwendigkeit, des Gegebenen und mit sich Identischen) in das Reich der Kultur (der Freiheit, des über sich selbst hinaus Weisenden) übergetreten. Vielleicht fällt uns dabei nicht nur ein, daß das Anlegen eines Gartens wahrscheinlich der Beginn der Kultur war (*cultus* bedeutete ursprünglich das Bearbeiten des Bodens), sondern daß es auch die schöne Dialektik der Rede initiiert, die eine Person objektiviert, indem sie ihre Einmaligkeit und Unwiederholbarkeit betont. Indem wir einen Garten angelegt haben, haben wir das Wort ergriffen und auch die Welt zum Sprechen gebracht, weil die Pflanzen und Mineralien, die Springbrunnen und Steine, mit denen wir den Garten gestaltet haben, anfangen, Bedeutung zu produzieren und Sinn zu versprechen. Die als Garten gestaltete Natur hat das Wort ergriffen und spricht, wie zu einem Archäologen oder einem empfindsamen, mit Erinnerung begabten Menschen eine Ruine oder der Überrest eines Bildes sprechen. Die Dinge sind beredt, die Welt spricht zu uns, wenn sie zu einem Garten gestaltet sind, so wie vielleicht auch wir, die Menschen, zu sprechen begonnen haben, als wir zum erstenmal einen Garten anzulegen versuchten.

Das konfrontiert uns wieder mit einer Frage, die wir uns nicht beantworten können: das Bedürfnis nach einer beredten Welt, unsere Liebe zu Gärten und die Neigung, die Welt als Garten zu gestalten – verrät sich darin die Erinnerung unserer Seele an das Paradies, in dem sie weilte, bevor sie in diese Existenz hineingeboren wurde, wie Platon behauptet, oder ist es unser Versuch, die Welt vor dem Schweigen zu retten, mit dem uns die Wissenschaftsgläubigen, die Technologen und andere Propheten der anorganischen Materie drohen und in das sie die Welt drängen? Legen wir Gärten an, um die Rede in einer Welt zu bewahren, die in Stummheit versinkt? Verteidigen wir mit den Gärten Sinn und Bedeutung in einer Welt, in der immer mehr Dinge und Wesen in eine dumpfe Übereinstimmung mit sich selbst fallen? Oder erinnert sich unsere Seele an das Paradies, in dem sie weilte, in dem ihr auch die Sprache geschenkt wurde, und läßt jetzt diese Erinnerung wiederaufleben, indem sie uns die Schönheit der als Garten gestalteten Welt entdeckt? Zum Glück können wir das nicht wissen, wir können nur anmerken, daß der Garten die »Paradiesseite« unseres Wesens anspricht – auch dadurch, daß er uns an die Sprache erinnert und damit auch uns vor dem Vergessen rettet.

Wie in der Rede, die unsere Einmaligkeit nicht nur bewahrt, sondern auch ausdrückt, indem sie unser Wesen objektiviert, ist auch die Welt, die im Garten zu sprechen begonnen hat, ebenso sehr Welt, wie sie es wäre, wenn sie stumm geblieben wäre. Baum, Bach oder Blume haben nichts von ihrer Natur eingebüßt, als sie Teil des Gartens geworden sind und dadurch angefangen haben, Bedeutung zu produzieren. Das muß so sein, der Garten könnte nicht über das Paradies sprechen, wenn er kein Glück versprechen würde, doch ein Glück, das den Körper vergäße, ist für die lebendigen Menschen undenkbar. Wohl deshalb ist das Gespräch über den Garten untrennbar mit *Tausendundeiner Nacht* verbunden, einem Buch, das überzeugender als alle anderen mir bekannten Bücher über die Unvermeidlichkeit des Glücks spricht, wenn man das Vergessen meidet. Es gibt kein Buch in der Weltliteratur, in dem der Garten eine so wichtige Rolle spielt und das sich so ausführlich, aus so vielen Perspektiven mit ihm befaßt. Beinahe jeder Held in diesem Buch gelangt ungeachtet seines sozialen Status und Lebenswegs am Ende in seinen Garten und findet in ihm das Glück. Soll das heißen, daß auch *Tausendundeine Nacht* bezeugt, daß unsere Gärten Schatten des paradiesischen Gartens sind?

Das bringt mich auf den Gedanken, daß es auch eine »innere Erklärung« für die Tatsache gibt, daß keiner der großen Sufi-Meister *Tausendundeine Nacht* auch nur erwähnt. Als die ersten vollständigen Ausgaben dieses Buches entstanden, gehörte die

Blütezeit der islamischen Mystik bereits der Vergangenheit an, und das ist eine simple, äußerliche Erklärung. Aber ich glaube, man sollte die innere Erklärung, die ich gerne anbieten würde, wie unnötig sie, äußerlich betrachtet, auch sein mag, nicht ganz vernachlässigen. Ich glaube nämlich, daß die großen Sufis *Tausendundeine Nacht* nicht gemocht und sich auch in dem Fall, daß sie das Buch gekannt hätten, nicht darauf berufen hätten, weil es so untrennbar mit dem Glück verbunden ist. Den Sufis war an der Wahrheit gelegen und nicht am Glück, sie haben sogar die Verheißung des Paradiesgartens, die außer Zweifel steht, als Belohnung für diejenigen empfunden, die nicht frei genug sind, um der Wahrheit aus reiner Liebe zu dienen. Diesen Schluß darf man zumindest aus der berühmten Legende von der großen Sufi-Dichterin Rabiyya al-Adawiyya ziehen, die man einmal mit einem Eimer Wasser und einer Fackel in den Händen auf der Straße gesehen hat. Auf die Frage, was sie vorhabe, antwortete sie, sie sei aufgebrochen, um das Feuer in der Hölle zu löschen und es im Paradies zu entfachen, um so die äußeren Gründe (Strafe und Belohnung) für die Liebe zu Ihm zu beseitigen. Und der echte Sufi dient der Wahrheit so, wie Rabiyya liebt – ohne auf Belohnung und Strafe zu schielen, fraglos und ohne Grund. Wahrscheinlich sind deshalb der Weg und die Reise für die Helden aus *Tausendundeiner Nacht* nur eine Reihe von Prüfungen zwischen zwei Gärten, für die Sufis dagegen Suche nach Wissen, Weg der Erkenntnis – ein Dauerzustand.

Für eine andere Gelegenheit bleibt die Frage, ob in dieser Welt, also in der Existenzform, zu der wir hier verurteilt sind, Wahrheit und Glück voneinander geschieden werden können. Sind sie nicht untrennbar verbunden, wie Körper und Bedeutung, Natur und Kultur, Stoff und Form? Auch davon zeugt zuverlässig der Garten, unter anderem als Form der Kultur, die sich von der Natur nicht trennen läßt, als Ausdrucksform, die das Leben selbst, als Kunst, die zugleich Wirklichkeit ist. Wahrscheinlich ist der Garten deshalb ein beliebtes Bild bei den Verehrern der klassischen Kunst. Michelangelo sagt in einem Sonett, es sei die Arbeit des Bildhauers, die Form, die bereits in einem Stück Marmor enthalten, verborgen sei, zu befreien. Michelangelos Bildhauer arbeitet also mit dem Stein zusammen, er hört und befolgt seine Hinweise, er ist Bildhauer, insofern er die Rede des Steins vernimmt und versteht, wie auch seine Skulptur nur künstlerische Form annimmt, insofern sie Stein bleibt. (Eine Marmorskulptur, bei der dem Marmor die Leichtigkeit von Plexiglas verliehen würde, wäre nicht die klassische Skulptur, von der in Michelangelos Sonett die Rede ist.) So verhält es sich auch mit dem Garten. Der Garten ist echt, wenn der Baum, die Tomate und der Sand wirklich sind, was sie sind: das, was sie auch außerhalb des Gartens sind, und gleichzeitig ein wenig mehr, weil sie über sich hinaus verweisen, etwas bedeuten. Anders könnte der Garten nicht das irdische Abbild des Paradieses sein, eine Umgebung des Glücks, die es nicht erlaubt, daß die Untrennbarkeit von Körper und Geist, Notwendigkeit und Freiheit, Material und Bedeutung vergessen wird. Und so kehren wir zu *Tausendundeiner Nacht* zurück und zu der Frage, die uns dieses Buch unentwegt von neuem stellt und die wir in unserer zum Schweigen gebrachten Welt leider längst vergessen haben: Sind die Gärten dieser Welt Schatten des Paradiesgartens, Erinnerungen unserer Seele an die Welt, in der sie vor der Geburt gewohnt hat, oder sind sie nur ein Versprechen, mit dem uns die Erde versichert, daß das Paradies möglich sei, um uns zu überreden, zu ihr zurückzukehren? Ich weiß nicht, Antworten auf solche Fragen müssen uns verborgen bleiben, solange wir auf diese Weise existieren, Ruhm sei Dem, Dem nichts verborgen ist.

Glossar

Abu-al-Ala-al-Maarri (97–1058) arabischer Dichter.
Da er blind war, sah er nur mit dem inneren Auge, d.h., er
konnte nur das Ewige, den äußeren Augen Unsichtbare wahrnehmen. Dem entsprechend ist das »Sendschreiben über die
Vergebung«, sein wichtigstes Buch, ein Reisebericht über die
jenseitige Welt; diese konnte er ohnehin nicht schildern. Und
somit die Fortsetzung eines bedeutenden literarischen Genres,
dessen Entstehung in der altägyptischen Mythologie bei Isis
und Osiris zu suchen ist. Wegen dieses literarischen Genres
wird er oft mit Dante verglichen (1265–1321), allerdings
ohne Grund, denn Dante war Aristoteliker, ein Schüler des
Thomas von Aquin, und Al-Maarri Sokratiker; Dante wollte
richten und klassifizieren, Al-Maarri lachen und verstehen.
Dante besuchte und beschrieb die jenseitige Welt, um diesseits
die ersehnte Ordnung zu schaffen, wenn auch nur imaginär.
Al-Maarri tat es, um die Lebensfreude auch im Jenseits zu
bewahren. Dante beschäftigte sich grundsätzlich mit den
Menschen, die ihm auf die Nerven gegangen waren, denn in
seinem Bericht ist die Hölle voll, das Paradies aber menschen-
leer, nur von Beatrice und von ihm bevölkert. Bei Al-Maarri
wiederum ist das Paradies voll, bis in den letzten Winkel erfüllt
von Leuten, die ihm lieb waren. Und in dieser Fülle ertönt ein
mächtiges Lachen.

Anu Himmelsgott der Sumerer

Muhyiuddin ibn Arabi (1165–1240) arabischer
Mystiker. Aus mindestens zwei Gründen wäre heute jemand
wie er unvorstellbar. Der erste Grund ist aus der Tatsache
ersichtlich, daß sein Lebensweg gen Osten führte. Er ging von
der iberischen Halbinsel, wo er zur Welt kam, über den

Maghreb und Nordafrika Richtung Osten bis nach Syrien, wo er starb. Diesen Weg, der Sonne entgegen, ging Ibn Arabi in der Hoffnung, das innere Wissen zu finden. Wenn schon das Licht aus dem Osten kommt, ist die Hoffnung berechtigt, dort auch dem Geist zu begegnen. Seinem treuen Leser bleibt Ibn Arabi lieb, so sehr ihn auch sein Rationalismus stören mag. Er bleibt ihm lieb, weil er bis zuletzt am Erfolg seiner Unternehmung zweifelte; selbst in seiner Sterbestunde glaubte Ibn Arabi, daß sich ihm das innere Wissen verweigerte. Das ist der zweite Grund, daß Ibn Arabi heute so unvorstellbar wäre: denn wer zweifelt heutzutage ernsthaft an seinem Wissen.

Fariduddin Attar 1220 in Nischapur geboren, persischer Mystiker; einer von ganz wenigen Sufis, die ihr Leben nicht reisend, nicht auf dem Weg verbracht haben, das wahre Wissen suchend. Denn Wissen sucht und findet man auf dem Weg außerhalb von sich, anderswo. Das mag damit zusammenhängen, daß Attar wie einst Rabiyya al-Adaviyya ein Mystiker der Liebe war, und Liebe findet man wenn überhaupt, dann in sich und nicht auf dem Weg.

Aya (arab. Zeichen, Koranvers). Wie man sieht, wird ein Koranvers Zeichen genannt, d. h. die Offenbarung besteht aus Zeichen; wenn die Offenbarung als Grundlage der Existenz selbst, dann muß auch die materielle Welt aus Zeichen bestehen. Das legt den Gedanken nahe, daß Al-Ghasalis Überzeugung wahr ist, daß die Welt ein Buch und die Geschöpfe Zeichen sind.

Dschinn (arab. ǧinn) Wesen aus Flamme, ansonsten unsichtbar, intelligent, mit der Fähigkeit, in verschiedener Gestalt zu erscheinen. Geschaffen aus rauchlosem Feuer, im Unterschied zu Menschen und Engeln, die aus reiner Erde (Menschen) bzw. Licht (Engel) gemacht sind.

Sendschreiben *über die Vergebung* siehe *Al-Maarri*

Figani Pseudonym des Ramadan-effendi aus Trapezunt, eines osmanischen Dichters aus dem X. (dem gregorianischen XVI. Jahrhundert). Als er nach Istanbul kam, schloß er sich Iskender Çelebi an. Noch sehr jung, wurde er auf spektakuläre Weise hingerichtet.

Dionysos Zagreus Gott der Orphik, der von den Titanen zerrissen und verzehrt wurde.

Iblis (arab. Teufel) Der Teufel wurde gestürzt, weil er sich dem Befehl Gottes widersetzt hatte, vor Adam niederzufallen. Als Rache verführt er die Menschen, denen er in unterschiedlicher Gestalt entgegentritt.

Irem legendäre Stadt, die auch im Koran erwähnt wird, von Schaddad erbaut, dem Anführer des sagenhaften Volkes Ad, als Abbild des Paradieses, als Paradies auf Erden; unmittelbar bevor die Bauarbeiten zu Ende waren, begann ein fauler Wind zu wehen, der alle Bewohner tötete und die Stadt unter dem Sand begrub. So gehen die hybriden Unternehmungen des Menschen auch ohne Sprachverwirrung unter.

Die Lauteren Brüder eine in Basra gegründete geheime Gruppe freier Denker, die eine Synthese zwischen der griechischen Philosophie und dem Islam herzustellen versuchten. In ihren enzyklopädischen Abhandlungen widmeten sie sich der Epistemologie, Mathematik, Logik, Naturphilosophie, Psychologie, Metaphysik, Astrologie und Mystik. Das pythagoreische Moment ihrer Lehre kommt in ihrem Glauben an die Macht der Zahlen zum Ausdruck. Ihre sozialen Projekte wie verschiedene Formen einer vollkommenen Gesellschaft (Geistige Stadt, der Staat der Gerechten usw.) verdanken sich natürlich dem platonischen Moment ihres Weltempfindens. Eine betonte Esoterik rückte die platonische Seinsordnung aus der wirklichen in die »innere Welt«.

Leila und Madschnun das berühmteste Liebespaar des

islamischen Ostens. Nachdem ihm die Hand seiner Leila verweigert wurde, ging Madschnun in die Wüste, wo er mit den Tieren sprach und die Liebesgedichte für Leila Wind und Steinen anvertraute. So ist die populärste Sammlung von Liebesgedichten der arabischen Sprache entstanden, und so wurde der Liebende zu einem Rasenden (= Madschnun). Durch mehrere literarische Werke, deren Held er war, wurde Madschnun zum Inbegriff des Liebenden, der der Liebe zum Opfer fällt. Seine Gestalt inspirierte nicht nur orientalische Dichter, sondern auch westliche Autoren, z.B. Heine, dessen Azra an Liebe stirbt und offensichtlich viel mit Madschnun gemeinsam hat. (War nicht auch Madschnun einer der Uzriten, denen Heine sein schönes Gedicht widmete?)

Schahrijâr der Ehemann der Scheherazade, neben ihr die zentrale Figur aus *Tausendundeiner Nacht*. Es ist bemerkenswert, daß *Schahrijâr* in seinem Buch hauptsächlich schweigt; am Anfang tötet er mehrere Mädchen und schweigt; danach hört er zu und schweigt bis zum Ende des Buches, wenn es nicht seine Taten und ihre Folgen gegeben hätte, wäre *Schahrijâr* auch in seinem Buch nur durch seine Abwesenheit präsent. Eine geradezu vollkommene Metapher der Macht – tätig und stumm. *Schahrijâr* schweigt, weil man die Sprache mit anderen teilen muß; ohne die anderen ist keine Sprache möglich.